MOTIFS

Workbook/Lab Manual

THIRD EDITION

Kimberly Jansma

University of California at Los Angeles

Margaret Ann Kassen

The Catholic University of America

THOMSON

HEINLE

Australia   Canada   Mexico   Singapore   Spain   United Kingdom   United States

THOMSON
™
HEINLE

Motifs, Third Edition
Workbook / Lab Manual
Jansma ~ Kassen

Publisher: Janet Dracksdorf
Editor: Lara Semones
Senior Production Editor: Esther Marshall
Marketing Director: Lisa Kimball
Manufacturing Manager: Marcia Locke
Compositor: Greg Johnson/Art Directions
Project Manager: Sev Champeny
Illustrator: Dave Sullivan
Cover Designer: Brian Salisbury
Printer: Globus Printing

Cover Art: Raoul Dufy © ARS, NY © Giraudon / Art Resource, NY

Printed in the United States of America.
1 2 3 4 5 6 7 8 9 10   08 07 06 05 04 03

For more information contact Heinle, 25 Thomson Place, Boston, MA 02210 USA,
or you can visit our Internet site at **http://www.heinle.com**

For permission to use material from this text or product contact us:

Tel   1-800-730-2214
Fax   1-800-730-2215
Web   www.thomsonrights.com

ISBN: 0-8384-5970-6

MOTIFS
Workbook/Lab Manual

Contents

Activités écrites (Workbook)

Activités de compréhension et de prononciation (Lab Manual)

Activités écrites (Workbook)

Les camarades et la salle de classe

Comment se présenter et se saluer

A. Des étudiants francophones se présentent. There are many French-speaking students on your campus. Your French instructor has invited some of them to visit your class. They explain to you that they are from the capitals of their respective countries or regions. Using the maps in the front of your textbook, write a self-introductory sentence for each of them.

    Modèle: Bashir (Algérie)
                Bonjour, je m'appelle Bashir. Je suis d'Alger.

1. Amadou (Sénégal)

_____

2. Nicole (Québec)

_____

3. Mariam (Tunisie)

_____

4. Jean-Bertrand (Haïti)

_____

5. Anaïs (Belgique)

_____

6. Jean-Marc (Suisse)

_____

➲ Voir Structure 1.1 **Tu et vous**

B. Un nouvel ami français. Now your instructor conducts a conversation in French with one of the guests invited to your class. Complete their dialogue using the word bank below.

je suis de Berne	comment allez-vous	bonjour
très bien	est de Berne	au revoir
bientôt	merci	

LE PROFESSEUR: Classe, je vous présente Jean-Marc Bourgeon. _____[1], Jean-Marc!

               _____[2]?

JEAN-MARC: Très bien, et vous?

LE PROFESSEUR: _____[3], merci. Jean-Marc, vous êtes de Suisse, un pays que j'adore et que je connais assez bien. De quelle ville êtes-vous?

Jean-Marc: Moi, _____⁴.

Le professeur: Et votre famille, elle est de Berne aussi?

Jean-Marc: Non, mon père est de Genève. Mais ma mère, elle _____⁵.

Le professeur: Merci, Jean-Marc, d'avoir participé à notre classe. Au revoir, et bon séjour ici sur notre campus.

Jean-Marc: _____⁶, professeur! À _____⁷!

C. Ensemble à la cafétéria.
After class, your friend Peter runs into Amadou, one of the francophone visitors, in the cafeteria. Complete their conversation.

Peter: Salut, Amadou. _____¹?

Amadou: _____² très bien, merci.

(Amadou sees Peter is with a friend and asks about her.)

Amadou: Et ton amie *(friend)*, _____³?

Peter: _____⁴ Kate. Elle _____⁵ Seattle. *(He introduces them.)* Kate, Amadou. Amadou, Kate.

Kate: Bonjour. Vous parlez français. Vous êtes de France?

Amadou: Non, je _____⁶ du Sénégal. Ah, voilà M. Collard, votre professeur de français. Bonjour, monsieur, _____⁷?

M. Collard: _____⁸, merci. _____⁹?

Identification des choses

➲ Voir Structure 1.2 **Qui est-ce? Qu'est-ce que c'est? Est-ce que... ?**

➲ Voir Structure 1.3 **Les articles indéfinis**

D. Dans la salle de classe. Write a complete sentence using an indefinite article to identify the numbered items.

Modèle: *C'est un livre.*

1. _____

2. _____

3. _____

4. _____

5. _____

6. _____

7. _____

8. _____

9. _____

10. _____

E. Le nouveau. Your instructor is quizzing a student who just joined your French class. Help him out by giving him the answers.

Modèle: —Est-ce que c'est un stylo?
—*Oui, c'est un stylo.*

1. —Qu'est-ce que c'est?

— _____

2. —Est-ce que ce sont des chaises?

— _____

3. —Qu'est-ce que c'est?

— _____

4. —Est-ce que c'est une fenêtre?

— _____

5. —Qu'est-ce que c'est?

— _____

6. —Est-ce que ce sont des stylos?

— _____

Identification des personnes

F. Qui est-ce? You and a classmate are talking about French celebrities, but s/he doesn't remember everyone's name. Answer his/her questions using the names listed below. (**Hint:** for help, see page 7 in your textbook.)

Johnny Hallyday   **Zinedine Zidane**   **la princesse Caroline**
Marguerite Duras   **Gérard Depardieu**

Modèle: Il est rocker, genre Elvis. Qui est-ce?
C'est Johnny Hallyday.

1. Il est acteur. Qui est-ce?

_____

2. Elle est princesse de Monaco. Qui est-ce?

_____

3. Il est joueur de foot. Qui est-ce?

_____

4. Elle est écrivain(e) *(writer)*. Qui est-ce?

_____

La description des personnes

➲ *Voir Structure 1.4 Les pronoms sujets avec **être***

G. Une lettre de votre correspondant(e). You've just received a letter from a new French pen pal. Complete it using the appropriate form of the verb **être.** Your name goes in the first blank.

Cher/Chère _____[1],

    L'université de la Sorbonne est excellente, mais assez difficile. Je _____[2] dans une classe d'anglais. Nous _____[3] seize étudiants dans la classe et nous travaillons *(work)* beaucoup. Les étudiants _____[4] très sympathiques et leur *(their)* accent _____[5] bon. Moi, je _____[6] plus faible *(weak)*. J'aimerais *(would like)* pratiquer mon anglais. Tu _____[7] très gentil(le) de m'inviter à te rendre visite en Californie. _____[8] -ce vrai *(true)*? Est-ce que ta famille et toi, vous _____[9] vraiment disposés *(willing)* à m'accueillir *(welcome me)* à la fin du mois d'octobre?

    Écris-moi vite! J'attends ta réponse.

À bientôt!

➲ *Voir Structure 1.5 Les adjectifs (introduction)*

H. Je suis… Your pen pal is arriving in three days. You haven't had time to send a picture of yourself so the two of you will recognize each other at the airport. Compose an e-mail message in which you describe your physical features to him/her.

Bonjour!

    Je suis très content(e) que tu arrives bientôt. Je vais être à l'aéroport pour t'accueillir. Je suis _____[1] et _____[2]. J'ai les cheveux _____[3].

À bientôt.

_____ *(Your name goes here).*

I. Portraits. Write at least two adjectives to describe the famous people below.

> **Modèle:** la reine Élizabeth
>> *La reine Élizabeth est sérieuse et raisonnable.*

1. Mike Myers _____

2. Jacques Chirac _____

3. Nicole Kidman _____

4. Tiger Woods _____

5. Barbara Walters _____

Les vêtements et les couleurs

J. La mode sur le campus. Your pen pal is coming to the States, and he or she is curious about how students dress on your campus. Let him/her know what the dress style is like on your campus.

> **Vocabulaire:** des chaussures, un T-shirt, des lunettes, un pull-over, une jupe, une chemise, un jean, une robe, un short, une casquette *(cap)*, un sac à dos *(backpack)*, des sandales *(sandals)*
>
> vert, blanc, bleu, marron, rouge, noir, gris, beige

1. Ici, les étudiants portent souvent _____

_____.

2. Parfois les femmes portent _____

_____.

K. Et vous, qu'est-ce que vous portez aujourd'hui? Describe what you are wearing now, including the color of your clothing.

Moi, je porte _____

_____.

Comment communiquer en classe

L. Qu'est-ce que vous dites? What are the students and the instructor saying in your French class? Write out an appropriate French expression to communicate the following ideas.

1. Your instructor wants you to listen.

_____

2. You are confused and do not understand.

_____

3. You have a question.

_____

4. Your instructor wants you to work with another student.

_____

5. Your instructor asks you to go to the board.

_____

6. You want to ask some students to close the window.

_____

M. Les nombres. Write out the number that you associate with the following.

1. days of the week _____

2. weeks in the year _____

3. days in the month of February _____

4. maximum speed limit in school zones _____

5. legal driving age _____

6. legal drinking age _____

7. number of states in the United States _____

8. months in a year _____

9. number of hours in a day _____

10. number of fingers on both hands _____

Synthèse. Ma famille et moi.

How would you describe yourself? And your family? After reading Alexia's description of herself and her family, compose a similar paragraph that includes at least ten sentences.

> **Vocabulaire:** beau (belle), blond(e), brun(e), fort(e), grand(e), jeune, joli(e), laid(e), mince, moche, petit(e), vieux (vieille), célèbre, charmant(e), gentil(le), raisonnable, sportif (sportive), sympathique, amusant(e), fatigué(e), idéaliste, intellectuel(le), intelligent(e), nerveux (nerveuse), optimiste, patient(e), riche, sérieux (sérieuse), sociable, solitaire, timide

> **Modèle:** *Je m'appelle Alexia. J'ai les cheveux noirs et les yeux marron. Je suis étudiante en littérature à l'université de Paris. J'ai dix-neuf ans. En classe, je suis très sérieuse et timide. À la maison, je suis complètement différente (completely different). Là, je suis très sociable et amusante. Ma mère est aussi très amusante. C'est une petite femme sociable et charmante. Nous sommes très optimistes, mais mon père est pessimiste. Il est aussi très sérieux. Il n'est pas très grand, et il a les cheveux bruns. J'ai deux frères. Comme mon père, mon frère Eugène est petit, intelligent et raisonnable. Mon frère Paul est différent du reste de la famille. Il est grand et il a les cheveux roux. Il est sportif et pas du tout intellectuel. Voilà un portrait de moi et de ma famille. Et vous?*

_____

_____

_____

_____

_____

_____

_____

_____

_____

_____

_____

_____

_____

_____

_____

_____

CULTURE

Read the cultural notes **Bienvenue au monde francophone** on page 5 and **Vocabulaire en mouvement** on page 10 of your textbook and answer the questions below.

1. For which four European countries is French an official language?

_____

2. Which North African countries make up **le Maghreb**?

_____

3. Why do the people of some African countries speak French today?

_____

4. In which international organization is French the official language of development?

_____

5. When and why did French become the language of the court in England?

_____

6. What dominated the exchange between French and English words in the 19th century, and why?

_____

7. What types of words are being adopted by French from American culture today?

_____

La vie universitaire

Les distractions

➲ Voir Structure 2.1 **Aimer** et les verbes réguliers en **-er**

A. Qu'est-ce qu'ils font? What do the following celebrities like to do? Complete the sentences with an infinitive from the list.

manger	écouter la radio	chanter
étudier	danser	jouer au golf
parler (au téléphone)	voyager	travailler
regarder la télévision	lire *(to read)*	

1. Renée Zellweger aime _____ et _____ .

2. Tiger Woods aime _____ .

3. Oprah aime _____ et _____ .

4. Homer Simpson aime _____ et _____ .

5. Les étudiants de mon université aiment _____ , _____

   et _____ .

6. Et moi *(me)*, j'aime _____ et _____ .

➲ Voir Structure 2.2 La négation **ne... pas**

B. Le semestre commence. You're writing a letter to your best friend describing your daily routine at the university. Fill in the blanks by conjugating the verbs in parentheses.

Chère Sonia,

Cette année à l'université, je (travailler) _____[1] beaucoup! J'(étudier)

_____[2] à la bibliothèque tous les soirs et je (ne pas regarder)

_____[3] la télévision! Le week-end, je (rester *[to stay]*)

_____[4] à l'université avec ma camarade de chambre Cathy. Elle

(ne pas aimer) _____[5] sortir, alors nous (étudier)

_____[6]. Et toi, tu (travailler) _____[7] beaucoup?

Et tes sœurs, elles (jouer) _____[8] toujours au basket?

Écris-moi vite!

À bientôt!

⮕ Voir Structure 2.3 Les articles définis

C. Le portrait de Camille. Camille is a new exchange student from France. She is going to be one of your room-mates for the school year. In a letter to your best friend back home, describe her using the correct definite articles.

Camille a 21 ans. Elle étudie à _____¹ université de Nice. Elle aime _____² musique clas-

sique et _____³ rock, mais elle préfère la techno. Elle regarde _____⁴ télévision mais elle

préfère _____⁵ cinéma; elle aime surtout _____⁶ comédies et elle déteste _____⁷ films

d'horreur!

Comment exprimer ses préférences

D. La nouvelle camarade de chambre. You and Camille talk with your other roommate, an American named Jane. You are worried because Jane doesn't seem to like any of the things you do! Imagine how she answers the questions that you ask to get to know her better.

Modèle: —Est-ce que tu aimes regarder la télévision? (pas beaucoup)
—*Non, je n'aime pas beaucoup regarder la télévision!*

1. —Est-ce que tu aimes le hip-hop? (pas du tout)

—Non, _____.

2. —Est-ce que tu aimes écouter la radio? (pas beaucoup)

—Non, _____.

3. —Est-ce que tu aimes voyager? (détester)

—Non, _____.

4. —Moi, je n'aime pas du tout la télé réalité. Et toi? (adorer)

—Si! Moi, _____.

E. Et vous? Qu'est-ce que vous aimez faire? Using complete sentences, write down two activities that you really like to do, one that you like pretty well, and two that you really do not like at all.

1. _____

2. _____

3. _____

4. _____

5. _____

Le campus

➲ Voir Structure 2.4 Il y a / Il n'y a pas de

F. Qu'est-ce qu'il y a sur le campus américain? Camille is still adjusting to the American university system. To help her out, you and a friend make an orientation guide that she can share with other exchange students. Describe the campus and its facilities.

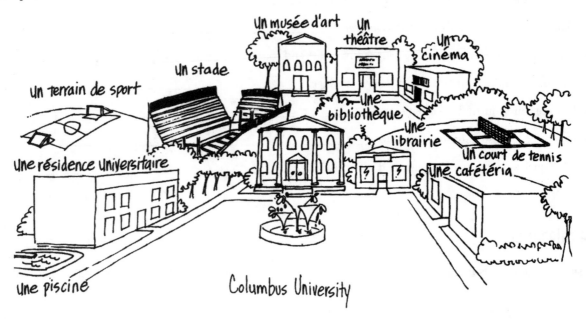

1. Pour les étudiants qui aiment les activités sportives, il y a _____
_____.

2. Pour les étudiants qui aiment beaucoup les livres et qui aiment étudier, il y a _____
_____.

3. Enfin, pour les étudiants qui aiment les films, il y a _____
_____.

4. Malheureusement, sur notre campus, il n'y a pas _____

ni (nor) _____.

G. D'autres questions? Now imagine what further questions the exchange students might have about the campus and the surrounding community. Write four sample questions.

1. _____

2. _____

3. _____

4. _____

Les cours

H. Devinettes. Guess the names of the courses described below.

> **Modèle:** Dans ce cours, on étudie beaucoup les chiffres.
> *les mathématiques*

1. Ce cours est nécessaire si on veut être sociologue. _____

2. Dans ce cours, on étudie les logiciels *(software)*. _____

3. C'est une bonne idée de suivre ce cours avant d'aller en Espagne. _____

4. On fait ces études pour être avocat *(lawyer)* ou juge. _____

5. Dans ce cours, on étudie Shakespeare. _____

6. On étudie le passé *(past)* dans ce cours. _____

7. Dans quel cours est-ce qu'on discute d'entreprises? _____

Le calendrier

I. Les jours importants du calendrier français. Read the following descriptions and give the date and the name of the day in French.

> **Modèle:** le jour où l'on reçoit beaucoup de cadeaux
> *C'est Noël, le 25 décembre.*

1. le jour où l'on fête *(celebrate)* la nouvelle année

_____

2. le jour où l'on fête la Révolution française

_____

3. le jour où l'on offre des fleurs à la personne qu'on aime

_____

4. le jour où l'on fête le travail

_____

➲ *Voir Structure 2.5 Le verbe avoir*

J. Quel travail! The semester has just begun and you and your roommate Camille discuss your schedules. Complete the following conversation with the correct forms of the verb **avoir**.

VOUS: Camille, quels cours est-ce que tu _____[1] ce semestre?

CAMILLE: J'_____[2] français, affaires et chimie.

VOUS: Et Paul et Mike, est-ce que tu sais quels cours ils _____[3]?

CAMILLE: Oui. Mike _____⁴ géographie et psychologie, mais Paul et moi, nous

_____⁵ maths ensemble.

VOUS: Et est-ce que vous _____⁶ cours le samedi?

CAMILLE: Hélas, oui! C'est pénible (terrible)!

K. À vous! Answer the following questions with complete sentences.

1. Quels cours avez-vous ce semestre/trimestre? Comment sont-ils?

_____

2. Quels jours est-ce que vous avez cours?

_____

3. Qu'est-ce que vous aimez faire le week-end?

_____

Synthèse. Un(e) camarade de classe.

Pre-writing: Choose a classmate to interview. E-mail each other with questions on your living situation, studies, and weekend activities.

Suggested interview questions:

- Quel âge as-tu?
- D'où es-tu? (Where are you from?)
- Où habites-tu maintenant (now)?
- En quelle année d'université es-tu? (What year are you in?)
- Qu'est-ce que tu étudies?
- Quels cours as-tu ce semestre/trimestre?
- Est-ce que tu aimes tes cours? Pourquoi?
- Qu'est-ce que tu aimes faire le week-end?

Portrait: Using the information you have received and referring to the model below, write a portrait of your partner. Correct any errors and print it out. Take it to the next class meeting in order to present your partner. He or she will add one additional detail about him/herself for the class.

Modèle: *Dennis a 20 ans. Il est de Torrance. Maintenant, il habite sur le campus à la résidence Smith. Il déteste la résidence et sa cafétéria! Les sandwiches et les pizzas sont très mauvais. Il préfère manger dans un restaurant chinois ou italien. Il est en deuxième année et il étudie la biologie. Ce trimestre, il a un cours de français, deux cours de biologie et un cours de chimie. Il aime bien le français et la biologie. Il n'aime pas la classe de chimie. Le prof n'est pas bon et le livre est difficile. Le week-end, il aime aller au cinéma ou faire du vélo à la montagne. Il n'aime pas rester à la résidence et étudier. Il préfère s'amuser (to have fun)!*

_____

_____

_____

_____

_____

_____

_____

_____

_____

_____

_____

_____

_____

_____

CULTURE

Reread the cultural note **Le Quartier latin et la Sorbonne** on page 34 of your textbook and complete the following sentences.

1. L'université de la _____ se trouve dans le Quartier latin à Paris.

2. Au Quartier latin, il y a beaucoup d'_____.

3. À la Sorbonne, on _____ les lettres.

4. Le _____ Saint-Michel est près de la Sorbonne.

Chez l'étudiant

La famille

➲ Voir Structure 3.1 Les adjectifs possessifs

A. La famille de François. Your French friend, François, is telling you about his family and asking about yours. Circle the correct possessive adjectives to complete his description.

J'ai une famille nombreuse! J'ai quatre frères et une sœur. (Ma, Son)[1] sœur habite à Lyon et

(ton, mes)[2] frères habitent à Nice. (Nos, Ses)[3] parents sont retraités *(retired)* et ils habitent à

Caen, en Normandie. (Ma, Mon)[4] frère aîné et (ta, sa)[5] femme viennent d'avoir un bébé!

C'est une petite fille et c'est (notre, leur)[6] premier enfant! (Ton, Son)[7] papa et (ta, sa)[8]

maman sont très heureux!

Et toi? Est-ce que (sa, ta)[9] famille est grande? Est-ce que (tes, vos)[10] frères et sœurs

habitent près de chez toi? Est-ce que (ses, tes)[11] parents travaillent encore? Parle-moi aussi de

(ses, tes)[12] cours à l'université et de (ton, notre)[13] travail.

➲ Voir Structure 3.2 Le verbe **venir**

B. D'où viennent-ils? You are introducing François to some of your friends. Complete the introductions by telling where each person comes from.

Modèle: Voici Virginia. Elle *vient* de Salt Lake City.

1. Voici Travis. Il _____ de Nashville.

2. Bonjour! Je m'appelle Linda et je _____ de Pittsburgh.

3. Salut! Je m'appelle Kyle et voici mon ami Mike. Nous _____ d'Orlando.

4. Voici Lynn et Todd. Ils _____ de Charleston.

5. Tu t'appelles Wesley et tu _____ de Knoxville.

6. Voici Ann et Steve. Ils _____ de Daytona Beach.

➲ Voir Structure 3.3 La possession: **de + nom**

C. Le jeu des sept familles. François teaches you **Le jeu des sept familles,** a traditional French card game similar to "Go Fish." Instead of collecting a set of numbers, you try to collect a set of family members. You are trying to collect Marianne Dubois's family. Using the family tree below, ask for the other cards you need, as in the model, to collect six members of the Dubois family.

Modèle: Dans la famille Dubois, je veux *(I want)* être *le fils* de Marianne, Samuel.

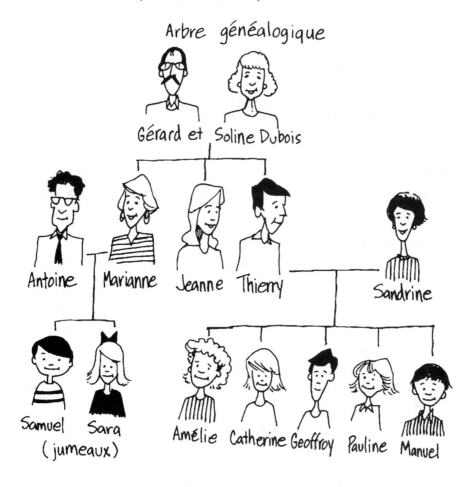

1. Dans la famille Dubois, je veux _____ de Marianne, Catherine.

2. Dans la famille Dubois, je veux _____ de Marianne, Gérard.

3. Dans la famille Dubois, je veux _____ de Marianne, Sara.

4. Dans la famille Dubois, je veux _____ de Marianne, Jeanne.

5. Dans la famille Dubois, je veux _____ de Marianne, Sandrine.

6. Dans la famille Dubois, je veux _____ de Marianne, Antoine.

Les caractéristiques personnelles

➲ Voir Structure 3.4 Les adjectifs (suite)

D. Au contraire! François describes to you his first impressions of the people he has met. You disagree with everything he says! Use a logical adjective to complete the following sentences.

    Modèle: FRANÇOIS: Moi, je trouve que Tyler est vraiment triste.
               VOUS: Au contraire! *Je pense qu'il est heureux.*

1. FRANÇOIS: Kyle est vraiment super snob!

    VOUS: Au contraire! _____

2. FRANÇOIS: Je pense que le professeur de maths est très compréhensif!

    VOUS: Mais non! _____

3. FRANÇOIS: Oh là là! Qu'est-ce que tu es pessimiste!

    VOUS: Au contraire! _____

4. FRANÇOIS: Moi, je trouve que Linda est plutôt travailleuse!

    VOUS: Au contraire! _____

5. FRANÇOIS: Je pense que Lynn et Todd sont très timides!

    VOUS: Mais non! _____

6. FRANÇOIS: Je trouve que nous sommes très stressés!

    VOUS: Mais non! _____

E. Questions personnelles. Respond to the following questions with complete sentences.

1. D'où viennent vos parents et où habitent-ils maintenant?

    _____

    _____

2. Qu'est-ce que vous aimez faire le week-end avec vos parents?

    _____

    _____

3. Aimez-vous les grandes familles? Pourquoi?

    _____

    _____

La chambre et les affaires personnelles

➲ Voir Structure 3.5 Les prépositions de lieu

F. Chassez l'intrus. Help François get organized. Circle the item that does not belong in each location.

1. sur le bureau: un aquarium, une lampe, un lavabo, des stylos

2. dans le placard: un blouson, des tennis, une jupe, un téléphone

3. sur les murs: une affiche, une fenêtre, un miroir, un ordinateur

4. à côté du lit: une chaîne hi-fi, une table de nuit, un téléphone, un vélo

5. sur l'étagère: des livres, des rideaux, une photo, un vase

G. L'appartement est meublé. François describes his new apartment to his mother. Fill in the blanks using words from the following list.

appartement	de la	de l'
du	loyer	de
jardin	fenêtre	immeuble
locataire	entre	des

Chère maman,

J'ai un nouvel appartement. Le propriétaire _____[1] appartement est très sympa,

et le _____[2] n'est pas cher mais l'_____[3] est vieux! Les portes

grincent *(squeak)* et les volets _____[4] fenêtres ne ferment pas bien! La table

_____[5] cuisine est vieille! Et la lampe _____[6] bureau ne

fonctionne pas! Mais de la _____[7] on peut voir un magnifique

_____[8]. C'est le jardin _____[9] la famille de Tom, mon copain.

J'espère que tu vas bientôt venir me voir.

Je t'embrasse,
François

H. Quel désordre! François is looking for several belongings in his closet, but it is so messy that he has a hard time finding them! Play both roles, asking and answering the questions as in the model.

    Modèle: manteau
           FRANÇOIS: *Où est mon manteau?*
           VOUS: *Ton manteau est à côté de ta chemise.*

1. raquette de tennis

    FRANÇOIS: _____

    VOUS: _____

2. chaussures

    FRANÇOIS: _____

    VOUS: _____

3. chapeau de cow-boy

FRANÇOIS: _____

VOUS: _____

4. affiche

FRANÇOIS: _____

VOUS: _____

5. chaussette

FRANÇOIS: _____

VOUS: _____

I. La personnalité et la chambre. François has just met his next-door-neighbors, Pierre and Valérie. Considering that people's rooms often reflect their personalities, what can François conclude about his neighbors?

> Dans la chambre de Valérie, il y a une raquette et des chaussures de tennis sur une chaise. Il y a un baladeur sur une chaise et des rollers sous le lit. Au-dessus du bureau, il y a une affiche de Degas et sur le bureau il y a un aquarium avec des poissons rouges. Il y a aussi un vase avec des roses. Sur la table de nuit, il y a a une photo d'un beau garçon avec un chat noir. Son placard est ouvert et il y a beaucoup de vêtements les uns sur les autres. Sur une étagère, il y a plusieurs livres d'informatique et une pile de revues *PC Max.*
>
> Dans la chambre de Pierre, il y a une chaîne hi-fi à côté du lit et des CD de jazz sur la table de nuit. Il y a un livre de Shakespeare et un dictionnaire français–anglais sur le bureau. Il y a beaucoup d'autres livres sur une grande étagère. Au-dessus du bureau, il y a une affiche du film *Spider-Man* et sur le bureau, il y a beaucoup de bonbons et de chocolats. Il y a aussi une petite télévision et, à côté, un magazine sur les films étrangers.

1. VALÉRIE: Elle est _____.

Elle aime _____.

À l'université, elle étudie _____.

2. PIERRE: Il est _____.

Il aime _____.

À l'université, il étudie _____.

Des nombres à retenir (60 à 1 000 000)

J. Un coup d'œil sur la tour Eiffel. In a presentation about the Eiffel Tower, François plans to use the following statistics. If the number is written in word form, write the figure in the blank. If the figure is given, spell it out in the blank. Then match each number with its description from the list. The first two are done for you.

__e__   **1.** mille huit cent trente-deux _1 832_

__i__   **2.** 6 157 042 _six millions cent cinquante-sept mille quarante-deux_

_____   **3.** 1 889 _____

_____   **4.** mille huit cent quatre-vingt-sept _____

_____   **5.** 1 665 _____

_____   **6.** deux cent millions _____

_____   **7.** 324 mètres _____

_____   **8.** Altitude 95 _____

_____   **9.** 3,70 euros _____

_____   **10.** 10 100 tonnes _____

     a. le tarif adulte pour prendre l'ascenseur pour aller au 1ᵉʳ étage

     b. la date du commencement de la construction

     c. le nombre de visiteurs de 1889 à 2002

     d. le nombre de marches *(steps)*

     e. la date de la naissance de Gustave Eiffel

     f. le nom du restaurant situé au 1ᵉʳ étage, à 95 mètres au-dessus du niveau de la mer *(above sea level)*

     g. le poids *(weight)* total

     h. la date de la fin de la construction

     i. le nombre de visiteurs en 2002

     j. la hauteur *(height)*

Comment louer une chambre

K. De particulier à particulier. François convinces you to spend a semester in Aix-en-Provence to study French at the university. You wish to rent a one-bedroom apartment and find this ad that interests you on the Website of the French apartment locator guide *De particulier à particulier*. Complete the conversation that you have with the owner.

> 18765/1trf4315 — AIX-EN-PROVENCE (13) beau studio neuf, vide avec belle terrasse. Vue campagne. Calme. Parking. Placards. Salle de bains, wc séparés. Bus et commerces à proximité. 430 euros/mois + charges.

Vous: Bonjour, Monsieur. Je _____¹ un studio à

           _____² et j'ai vu votre annonce sur *De particulier à particulier*. Je voudrais plus d'informations. Est-ce que le

           studio est _____³?

Propriétaire: Oui, très grand, il fait 62 mètres carrés et il y a de la place pour vos meubles parce qu'il

           _____⁴ vide *(empty)*.

Vous: J'ai beaucoup de vêtements.

Propriétaire: Il y a plusieurs grands _____[5] très pratiques pour vos vêtements.

Vous: Je n'aime pas le bruit! Je cherche un studio _____[6], vous savez!

Propriétaire: Oh! Alors ce studio est parfait! Il a _____[7] qui donne sur la campagne!

Vous: Est-il près du centre-ville?

Propriétaire: Non, mais il est _____[8] des _____[9] qui vont au centre-ville

et près de nombreux _____[10].

Vous: J'ai une voiture. Est-ce qu'il y a un _____[11]?

Propriétaire: Oui, sous l'immeuble.

Vous: Quel est le _____[12]?

Propriétaire: Il est de _____[13] par mois et il y a une caution de deux mois de loyer. Les

_____[14] sont de 130 euros par mois.

Vous: _____[15] beaucoup, monsieur, je vais _____[16] un peu et je

vais vous téléphoner la semaine prochaine.

Synthèse. Moi et ma chambre.

What do our rooms say about us? Imagine you're looking at a photo of your room. What kind of condition is it in? What does it say about your personality, activities, likes, and dislikes? Write about your own room and what it reflects about your personality.

Helpful vocabulary: prépositions comme **à côté de, entre, devant, au-dessous de;** adjectifs comme **lumineux, beau, organisé; il y a, il n'y a pas de; aimer, ne pas aimer, préférer,** etc.

Modèle: *Voici ma chambre. Je ne suis pas très organisé, n'est-ce pas? Je suis fanatique de musique. J'aime jouer de la musique — ma guitare est sur le lit. J'ai une grande collection de CD dans ma chambre. Sur mon étagère, j'ai une radiocassette et beaucoup de disques compacts. Il y a aussi des CD sur la table de nuit, sous le bureau et dans le placard. Au-dessus de mon étagère, j'ai une affiche de mon chanteur préféré. Je n'aime pas vraiment lire, écrire ou regarder la télé. Alors, je n'ai pas d'ordinateur, ni de livres, ni de télévision. Ma chambre n'est pas très moderne, mais ça m'est égal (it doesn't matter to me). Je l'aime comme ça (I like it like that).*

_____

_____

_____

_____

_____

_____

_____

_____

_____

_____

CULTURE

Complete the following sentences. Refer to the **Bulletin** on page 52, the cultural notes entitled **La famille française** on page 55, and **Le téléphone portable** on page 63 of your textbook.

1. Pour les Français, la famille est une valeur _____.

2. Mais, comme aux États-Unis, le divorce _____.

3. La majorité des jeunes pensent que les relations avec leurs parents sont _____.

4. Les jeunes Français _____ de plus en plus longtemps avec leurs parents.

5. Les jeunes utilisent les téléphones portables pour parler et pour envoyer des _____.

6. Près de _____ de Français sont des usagers des mobiles.

7. Les avantages des téléphones portables sont _____, _____ et

    _____.

Travail et loisirs

Les métiers

A. Métiers d'hier et d'aujourd'hui. The chart below shows the changes that have taken place in French work patterns from 1975 to 2001. Look over the chart and answer the following questions.

Évolution de la structure de la population active totale (effectifs en milliers):

	1975	2001
Agriculteurs exploitants	1 691	618
Artisans, commerçants, chefs d'entreprise	1 767	1 500
Cadres et professions intellectuelles supérieures, dont:	1 552	3493
• professions libérales	186	329
• cadres	1 366	3 164
Professions intermédiaires (clergé; techniciens; instituteurs)	3 480	5 293
Employés, dont:	5 362	7 737
• policiers et militaires	637	523
• autres employés	4 725	7 214
Ouvriers:	8 118	7 139
Chômeurs n'ayant jamais travaillé	72	237
Population active	22 042	26 044

Chart from *Francoscopie, 2003*, page 308. Statistics from INSEE

1. Has the number of white collar workers (i.e., **employés, cadres, techniciens**) decreased or increased in France over this period of time? Justify your response by citing some sample job categories.

_____

2. How much bigger is the working population (**population active**) in 2001 than in 1975?

_____

3. Which categories have declined since 1975?

_____

4. Has the number of doctors, lawyers, and professional executives increased? Cite a sample statistic to justify your response.

_____

5. What changes in unemployment (**chômeurs**) occurred over this time period?

_____

B. La profession idéale. Look at the following illustrations showing the real occupations of some Parisians. What do you imagine their ideal professions to be? Following the model, write a sentence contrasting the real and ideal professions. If you like, draw the ideal profession next to the real one.

> **Modèle:** Chantal Dubois
> Chantal est professeur, mais *elle aimerait être actrice.*

1. Jean-Marie Gauffriau

Jean-Marie est conducteur de camion, mais

_____

2. Anne-Marie Suchet

Anne-Marie est comptable, mais

_____

3. Karim Azoulay

Karim est facteur, mais

_____

4. Élodie Duval

Élodie est femme d'affaires, mais

_____

C. Les petites annonces. Here are some job ads from a French newspaper. Fill in the name of the job, as in the model.

>   **Modèle:** Recherche *professeur* pour donner des cours de littérature à des étudiants de 18 à 24 ans. Université de Paris IV.

1. Recherche _____ diplômé, avec dix ans d'expérience dans la défense des accidentés de la route. Tribunal de Lyon.

2. Recherche _____ pour s'occuper de mes deux enfants (cinq ans et huit ans), de 15 heures à 19 heures, quatre fois par semaine.

3. Recherche _____ diplômé(e) avec expérience en pédiatrie.

4. Recherche _____ qualifié pour réparation de voitures d'importation Mercédès et Volvo.

5. Recherche _____ pour hôtel-café-restaurant à Lausanne.

6. Recherche _____ ayant au moins cinq ans d'expérience avec les ordinateurs.

7. Recherche _____ organisé(e) et autonome, ayant deux ans d'expérience (prise de rendez-vous, réception d'appels, tenue d'agenda).

➲ Voir Structure 4.1 Il / Elle est ou C'est + métier

D. La chambre de commerce. You are introducing a colleague to other professionals at a **Chambre de commerce** gathering. Complete the following introductions with **un, une,** or **des,** if necessary.

1. Je vous présente Jacques Durand, il est _____ cadre à la Cogema.

2. Voici Madeleine Calogirou. C'est _____ représentante de Chantelle au Printemps.

3. Voici Paul Leroux et Justin Meyer. Ce sont _____ architectes de la Mairie de Paris.

4. Voici Michèle Gachet et Maryse Lambert. Elles sont _____ journalistes au *Monde*.

5. Voici Catherine Maisonnier. Elle est _____ femme politique au Parti socialiste.

6. Voici Pierre Chaumette. C'est _____ avocat chez Carrefour.

7. Voici Jean Valjean et Thomas Poiret. Ils sont _____ ingénieurs chez Renault.

8. Voici Marc Lavoine. C'est _____ ouvrier chez Citroën.

Les lieux de travail

➲ Voir Structure 4.2 Le verbe aller et la préposition à

E. Le trajet du matin. Indicate where the following people are going to work.

>   **Modèle:** Jacques est cuisinier; il *va au restaurant* en bicyclette.

1. Nicole est infirmière; elle _____ à pied.

2. Monsieur et Madame Legendre sont ouvriers chez Renault; ils _____ en bus.

3. Mon collègue et moi sommes professeurs de sciences économiques à la Sorbonne; nous _____ ensemble.

4. Toi, tu es banquière; tu _____ avec Paul, n'est-ce pas?

5. Monsieur Privat est chef d'entreprise; il _____ en taxi.

6. Vous, vous êtes maire; à quelle heure est-ce que vous _____?

7. Catherine Rochard et Évelyne Rolland sont actrices; elles _____ tous les soirs.

Comment dire l'heure

F. C'est à quelle heure? Your American friend, Jake, is not familiar with the twenty-four-hour clock. Help him with his schedule by converting the following official times, as in the model.

> **Modèle:** restaurant universitaire, 12h35
> Tu vas déjeuner avec Alice à *une heure moins vingt-cinq.*

1. la Sorbonne, 13h50

   Tu as un cours de chimie à _____.

2. club de sport Vaugirard, 15h45

   Tu vas à la piscine à _____.

3. Café de Flore, avec Pierre et Jacques, 17h00

   Tu as rendez-vous avec Pierre et Jacques à _____.

4. chez Julien, 19h15

   Tu dînes chez Julien à _____.

5. cinéma Odéon avec Valérie, 21h35

   Tu vas voir un film avec Valérie à _____.

G. Il faut se dépêcher! Your neighbor is about to miss his train, **le RER,** to Paris. Complete the following conversation.

VOTRE VOISIN: Excusez-moi! _____¹ heure est-il, s'il vous plaît?

VOUS: _____² 15h35.

VOTRE VOISIN: _____³ quelle _____⁴ part le prochain (*next*) RER pour Paris?

VOUS: _____⁵ 15h45.

VOTRE VOISIN: Dans dix minutes! Mon Dieu, je suis _____⁶!

VOUS: Alors, venez avec moi en voiture. C'est plus rapide.

VOTRE VOISIN: Merci beaucoup!

Les loisirs

⮕ Voir Structure 4.3 Les verbes **faire** et **jouer** pour parler des activités

H. Vos activités. Describe the activities you and your friends and family members usually do by completing the following sentences with expressions with **jouer** and **faire**.

1. Quand je suis à la mer en été, je _____

_____.

2. Après les cours à l'université, mes amis et moi, nous _____

_____.

3. Quand mon meilleur ami est à la montagne en hiver, il _____

_____.

4. Le week-end, ma meilleure amie _____

_____.

5. Tous les étés, mes parents _____

_____.

6. Après le déjeuner, ma camarade de chambre et moi, nous _____

_____.

I. Questions personnelles. Answer the following questions with a complete sentence.

1. Quel(s) sport(s) faites-vous pendant l'année scolaire?

_____

2. À quelle heure avez-vous votre cours de français?

_____

3. Qui fait le ménage et la cuisine chez vous?

_____

Les projets

⮕ Voir Structure 4.4 Le futur proche

J. Les projets. You and your French friends are discussing your plans for a long weekend. Complete the sentences, following the model.

    Modèle: Marie est très sportive. Naturellement, *elle va jouer au tennis!*

1. Tu sais, Jean-François et Pierre sont fanas de jazz. Je suis sûr(e) qu' _____!

2. Aïe! Aïe! Aïe! J'ai un examen très difficile mercredi matin. Ce week-end, _____!

3. Notre appartement est vraiment très sale *(dirty)*. Mes camarades de chambre et moi, _____!

4. Tiens! Georges va à la montagne? Est-ce qu'_____?

5. Et vous, qu'est-ce que _____?

⮕ Voir Structure 4.5 L'interrogatif

K. Au téléphone. Georges calls you to finalize your weekend plans. However, he is driving in the mountains, and his cell phone keeps going out. Consequently, you have to repeat everything! Complete the dialogue using either **est-ce que** or inversion. The first question has been written using both **est-ce que** and inversion to serve as an example.

GEORGES: Salut! Comment vas-tu?

VOUS: Bien! Merci! Alors, **on va à la piscine samedi matin?**

GEORGES: Comment? Qu'est-ce que tu dis?

VOUS: (inversion) *Alors, va-t-on à la piscine samedi matin?*

(Est-ce que) *Est-ce qu'on va à la piscine samedi matin?*

GEORGES: Oui, si tu veux. À dix heures; et il faut être à l'heure, ok?

VOUS: Ok! Dis-moi, c'est vrai que **Paul va en boîte avec Hélène vendredi?**

GEORGES: Comment? Je n'entends pas! Répète, s'il te plaît!

VOUS: (Est-ce que) _____¹?

GEORGES: Je ne sais pas. Si c'est vrai, c'est incroyable *(unbelievable)*!

VOUS: Ça, c'est vrai. Et nous, vendredi soir, **on va au resto?**

GEORGES: Quoi?

VOUS: (inversion) _____²?

GEORGES: Ah, non, je ne peux pas. Je regarde un film sur TF1.

VOUS: **Tu regardes la télé un vendredi soir?**

GEORGES: Comment? Oh! Écoute, je n'entends rien avec ce portable!

VOUS: (Est-ce que) _____³?

GEORGES: Oui, c'est un super film! Un classique américain, *La Nuit de l'iguane.*

VOUS: Bon. Une dernière question! **Tu vas jouer au tennis avec moi demain après-midi?**

GEORGES: Tu peux répéter, s'il te plaît… décidément, la connection est trop mauvaise!

VOUS: (inversion) _____⁴?

GEORGES: Non, je vais faire mes devoirs pour lundi, désolé!

VOUS: Ça ne fait rien. Allez, je te laisse. Passe une bonne soirée. À samedi!

Synthèse. À l'Agence Nationale pour l'Emploi (l'ANPE).

You are doing a summer internship at the **ANPE,** a French government employment agency. Using the file information given, write a letter to introduce the candidates below to a prospective employer.

Modèle: Fiche de renseignements ANPE
Nom: Dupuis
Prénom: Maryse
Âge: 25 ans
Domicile: 25, rue des Pyrénées, Paris
Métier: infirmière
Recherche: temps complet
Salaire: 27 000 euros/an
Loisirs: ski, photo

Notes pour le dossier ANPE
Elle s'appelle Maryse Dupuis et elle a 25 ans. Elle habite 25, rue des Pyrénées à Paris. Elle est infirmière et elle cherche un travail à temps complet. Elle demande un salaire de 27 000 euros par an. Elle aime faire du ski et de la photo.

1. Fiche de renseignements ANPE
Nom: Bensaïd
Prénom: Magali
Âge: 34 ans
Domicile: 18, rue Briçonnet, Tours
Métier: professeur de mathématiques
Recherche: temps partiel
Salaire: 15 000 euros/an
Loisirs: bateau, tennis et planche à voile

Notes pour le dossier ANPE

_____

_____

_____

_____

2. Fiche de renseignements ANPE
Nom: Broussard
Prénom: Hector
Âge: 45 ans
Domicile: 3, rue des Canaris, Lyon
Métier: architecte
Recherche: temps complet
Salaire: 45 000 euros/an
Loisirs: golf, films américains des années 50 et peinture

Notes pour le dossier ANPE

_____

_____

_____

_____

3. Now imagine that you have found a job that interests you. Complete the information card and create a short letter introducing yourself to the prospective employer.

<u>Fiche de renseignements ANPE</u>

Nom: _____

Prénom: _____

Âge: _____

Domicile: _____

Métier: _____

Recherche: _____

Salaire: _____

Loisirs: _____

<u>Notes pour le dossier ANPE</u>

_____

_____

_____

_____

_____

4. As part of your job, you also set up dossiers for job candidates over the phone. Write out the questions you would ask to get the information required for your files (for example, age, address, hobbies, etc.).

<u>Questionnaire ANPE</u>

Question 1 _____

Question 2 _____

Question 3 _____

Question 4 _____

Question 5 _____

CULTURE

Read the cultural note **Le travail moins traditionnel** on page 88 in your textbook. Are the following statements true or false?

1. En France il y a des jeunes qui ne désirent pas pratiquer un métier traditionnel, mais il n'y a pas de métiers pour ces personnes.   **vrai   faux**

2. Les jeunes Français sont plus prêts à changer de région pour un travail intéressant.   **vrai   faux**

3. Producteur de cinéma est un métier traditionnel.   **vrai   faux**

4. Pour certaines personnes, le développement personnel et l'aventure sont aussi importants qu'un bon salaire.   **vrai   faux**

SUR LE VIF

Parmi les jeunes de 15–19 ans, 95% ont une télé. Mais si la télé fait partie des meubles *(furniture)*, il n'y a pas qu'elle *(it's not the only thing)* dans la vie. Lisez les opinions de ces deux jeunes gens et répondez aux questions.

Robert (mère au foyer, père directeur des ventes)

«À la maison, nous adorons la télé. Nous en avons plusieurs, comme ça, on peut regarder des programmes différents et aussi jouer à nos jeux vidéo. Mon frère et moi, on adore les jeux vidéo. À la télé, on aime surtout regarder les films d'action et les séries avec des scènes de combat, comme par exemple *Loïs et Clark, Highlander, Caraïbes Offshore* et *Le Flic de Shanghai.* Moi, j'aime aussi beaucoup le sport et je regarde pratiquement tous les programmes de foot, de boxe et de tennis.»

Éliane (mère auxiliaire-puéricultrice *[childcare assistant]*, beau-père prof de maths)

«Chez moi, il n'y a pas de télé. Mes parents sont contre et moi aussi. On préfère passer du temps en famille. Je m'occupe beaucoup de mon petit frère. J'aime aussi écouter de la musique à la radio et lire. Mes copines trouvent ça bizarre de ne pas avoir de télé, mais moi je trouve ça bien. Elles, elles passent beaucoup trop de temps devant la télé à mon avis.»

A. C'est qui? Complétez les phrases avec Robert, Éliane, ou les deux noms; laissez l'espace vide si ce n'est ni *(neither)* Robert ni *(nor)* Éliane.

1. _____ n'a pas de télé.

2. _____ aime regarder les sports.

3. _____ pense qu'il y a trop de *(too much)* violence à la télé.

4. _____ aime écouter la radio.

5. _____ a un frère.

6. _____ aime les jeux vidéo.

7. Le beau-père d(e) _____ est prof de maths.

8. La mère d(e) _____ est femme au foyer.

B. Répondez aux questions.

1. Avez-vous une télé? le câble? le satellite? Combien d'heures par jour est-ce que vous regardez la télé en moyenne?

_____

_____

_____

2. Quels programmes est-ce que vous regardez? les programmes de sport? les films d'action? Quels programmes américains est-ce que Robert aimerait?

_____

_____

_____

3. Est-ce que vous pensez que la télé détruit la communication familiale? Est-ce qu'on est plus actif si on n'a pas de télé?

_____

_____

_____

On sort?

Au téléphone

➲ Voir Structure 5.1 Les verbes **vouloir, pouvoir** et **devoir**

A. Une conversation téléphonique. You are a Canadian student studying French literature at the Sorbonne. You have just met a new friend, Didier, at the **fac.** He calls to invite you to the department picnic next Sunday. Fill in the blanks with the correct forms of **vouloir, pouvoir,** and **devoir.**

DIDIER: Allô. Bonjour, c'est Didier.

VOUS: Bonjour, Didier, comment vas-tu?

DIDIER: Bien, merci. Dis-moi, est-ce que tu _____[1] aller à un pique-nique ce week-end avec les amis de la fac de lettres?

VOUS: Oui, je _____[2] bien, mais malheureusement je ne _____[3] pas car je _____[4] présenter un exposé (*oral presentation*) lundi.

DIDIER: Écoute, si (*if*) tu _____[5], nous _____[6] partir tard. Comme ça tu _____[7] travailler avant le pique-nique!

VOUS: C'est gentil, mais le professeur _____[8] un travail très compliqué. Deux amies de l'université _____[9] m'aider. Alors, tu vois, je n'ai vraiment pas le temps de venir au pique-nique! Nous _____[10] faire autre chose le week-end prochain.

DIDIER: D'accord! Alors travaille bien, mais ne te fatigue pas trop! À bientôt!

Comment inviter

➲ Voir Structure 5.2 Les verbes comme **sortir**

B. Les week-ends de Didier. Didier tells you about his family and how they usually spend their weekends. Complete his description by writing the correct form of **sortir, partir, dormir,** or **servir.**

Tous les week-ends, je _____[1] chez mes grands-parents en Normandie. Nous _____[2] l'après-midi pour nous promener dans la campagne et parfois ma grand-mère va chez une amie pour jouer aux cartes. Le soir, je _____[3] avec des amis. Nous aimons aller au café du village pour boire un verre et discuter de politique.

J'aime surtout le dimanche matin. Mes grands-parents _____[4] jusqu'à 10 heures. Puis, ma grand-mère prépare un bon petit déjeuner qu'elle me _____[5] au lit. C'est formidable! Je suis toujours triste de rentrer chez moi.

C. Les invitations. There are so many things to see and do in Paris! Use a variety of expressions to invite your friend(s) to join you in the following activities.

1. MUSIQUE. Vous voulez inviter votre camarade de chambre au concert de MC Solaar.

_____

2. DANSE. Vous voulez inviter un ami à voir un spectacle de danse à l'Opéra de Paris.

_____

3. THÉÂTRE. Vous voulez inviter vos camarades de classe à voir la pièce *La Cantatrice chauve* au théâtre de la ville.

_____

4. ARTS. Vous voulez inviter Didier à voir l'exposition «Rétrospective Matisse» au Grand Palais.

_____

5. EXPOS. Vous voulez inviter vos deux voisines à voir l'exposition «Lisbonne/Lisboa» au Parc de la Villette.

_____

6. CINÉMA. Vous voulez inviter trois amis, Didier, Pauline et Isabelle, à aller à Cannes pour assister au festival du film.

_____

_____

D. Comment refuser une telle invitation? Your new friend, Rémi, refuses all your invitations, and you do not know why! Imagine the excuses he gives you for not accepting your latest invitation. Fill in the dialogue with complete sentences.

Vous: Est-ce que tu veux faire une promenade dans la forêt de Fontainebleau samedi prochain, avec Jean-Claude,

Isabelle, Pauline, Daniel et moi?

Rémi: Euh… _____.

Vous: Tu sais, ça va être formidable! Est-ce que tu es occupé ce week-end?

Rémi: _____.

Vous: Oh, mais tu pourrais faire ça une autre fois. Allez, tu vas bien t'amuser.

Rémi: _____.

Vous: Bon, d'accord. Allez, salut, bonne soirée.

Rémi: Salut. Bonne promenade samedi.

E. Questions personnelles. Answer the following questions with complete sentences.

1. Que faites-vous avec vos amis le week-end?

_____

2. Quand vous allez au cinéma, sortez-vous après le film? Où?

_____

3. Qui doit payer quand vous sortez avec un(e) ami(e)?

_____

Rendez-vous au café

F. Chassez l'intrus. Circle the drinks that do not fit in the following lists and identify the category the other drinks belong to.

> **Modèle:** un café, un coca light, ⟨un Orangina⟩ une eau minérale
>
> **Catégorie:** *des boissons sans calories*

1. un chocolat chaud, un thé citron, un expresso, un jus d'orange, un café au lait

   Catégorie: _____

2. un jus de tomate, un Coca-Cola, une infusion, une eau minérale, une limonade

   Catégorie: _____

3. un cappuccino, un vin rouge, une bière, une coupe de champagne, un vin blanc

   Catégorie: _____

4. un jus d'orange, un demi, un jus de pomme, un verre de lait, un Orangina

   Catégorie: _____

➲ Voir Structure 5.3 Les pronoms accentués
➲ Voir Structure 5.4 **Prendre, boire** et les verbes réguliers en **-re**

G. Qu'est-ce que vous prenez? Didier, Pauline, and Isabelle have accepted your invitation to the Cannes Film Festival! Imagine that the four of you are now sitting on a **terrasse** having a drink and watching the stars go by. Complete your conversation by using words from the list below, conjugating the verbs as needed.

comprendre	elle	prendre	attendre
boire	descendre	lui	

Vous: Regarde! C'est Catherine Zeta-Jones qui _____[1] de la limousine! C'est qui avec _____[2]?

Isabelle: Je crois que c'est Michael Douglas.

Didier: Est-ce que tu _____[3] ce qu'ils disent?

Pauline: Mon anglais n'est pas très bon mais je crois qu'ils parlent de leur agent. Ils _____[4] son arrivée.

Vous: Qu'est-ce qu'ils _____[5] comme boissons?

Isabelle: Catherine, elle _____[6] un cappuccino et Michael, _____[7], il _____[8] un verre de cognac!

H. Sur la terrasse. Didier and Pauline have gone to ask Catherine Zeta-Jones for her autograph. They were so excited that they left all their belongings behind on the table. You and Isabelle try to determine what belongs to whom.

> **Modèle:** Vous: Est-ce que ce pull est à Pauline?
> Isabelle: Oui, *il est à elle.*

1. Vous: Oh, regarde! Est-ce que ce sac à dos est à toi?

   Isabelle: Oui, _____.

2. Vous: Et là-bas, ces brochures touristiques, elles sont à Pauline?

   Isabelle: Non, _____.

3. Vous: Tiens, je crois que ces clés sont à Didier et Pauline!

   Isabelle: Oui, _____.

4. Vous: Voilà une raquette de tennis sous la chaise! Est-ce qu'elle est à Didier?

   Isabelle: Non, _____.

5. Vous: Je ne me souviens plus... Ces lunettes de soleil sont-elles à moi?

   Isabelle: Oui! _____.

La météo

I. La météo canadienne. You have not heard the news in days and would like to know how the weather has been in Canada and the northern United States. At an Internet café you find the following map online. Describe the weather in the cities listed below to your French friends.

> **Modèle:** à Seattle
> *À Seattle il fait du soleil et il fait 52 degrés.*

1. à Québec

_____

2. à Chicago

_____

3. à New York

_____

4. à Vancouver

_____

5. à Calgary

_____

6. à Edmonton

_____

Comment faire connaissance

➲ Voir Structure 5.5 Les mots interrogatifs

J. Quelle coïncidence! Some Canadians sitting at a nearby table overhear you and strike up a conversation. They are curious about your study abroad. Write out their questions using the elements given.

Modèle: Pourquoi / assister / au festival du film?
  Pourquoi est-ce que vous assistez au festival du film?

1. Comment / s'appeler?

_____?

2. Que / étudier / à la Sorbonne?

_____?

3. Où / habiter / à Paris?

_____?

4. Combien de jours / passer / à Cannes?

_____?

5. Quand / rentrer / à Paris?

_____?

K. Beaucoup de questions! During your trip to Cannes, you have discovered that Didier is quite outgoing. He seems to start up conversations with everyone. Imagine the questions he asks in the following situations.

>   **Modèle:** un couple assis *(seated)* sur un banc *(bench)* sur la Promenade des Anglais
>   *Quel beau temps, n'est-ce pas?*

1. une femme assise près d'une chaise libre *(empty)*

_____?

2. deux Italiens qui achètent des cartes postales au kiosque

_____?

3. une femme qui vend des guides touristiques

_____?

4. un homme qui regarde sa montre tout le temps

_____?

5. une jeune femme avec un T-shirt de la Sorbonne

_____?

L. On sort ce soir. After the first film screening, you and Pauline go out for a drink. Fill in the blanks of your dialogue with a logical word, phrase, or question.

PAULINE: Quel temps magnifique!

VOUS: Oui, _____¹. Dis-moi, qu'est-ce que tu _____²?

PAULINE: Un jus d'orange bien frais!

VOUS: Bonne idée! _____³ aussi! Garçon! _____⁴.

Ah! C'est très agréable d'être en vacances! Hélas, ce n'est pas pour toujours!

PAULINE: C'est vrai. Nous _____⁵ à Paris dans deux jours pour préparer les examens de fin

d'année.

VOUS: Mais ce soir nous n'avons pas de projets. _____⁶-tu aller faire une promenade

sur la plage?

PAULINE: D'accord. Oublions *(Let's forget about)* les examens! Et demain nous _____⁷ deux

nouveaux films, le premier à 15h et le deuxième à 22h.

VOUS: Zut!

PAULINE: Qu'est-ce qu'il y a?

VOUS: Je ne _____⁸ pas aller au cinéma à 22h demain soir parce que je dois rester à

l'hôtel pour téléphoner à mes parents au Canada!

PAULINE: C'est dommage. Je ne _____⁹ pas y aller toute seule *(all alone)*!

Synthèse. Une soirée idéale.

Imaginez votre soirée idéale. Avec qui sortez-vous? Où allez-vous? Que faites-vous avant et après? Décrivez votre soirée idéale comme dans le modèle.

Modèle: *Pour ma soirée idéale, je sors au restaurant et au théâtre avec mon copain. Nous adorons manger et voir des spectacles, alors c'est parfait. Ma soirée idéale se passe (takes place) à Paris. D'abord, nous allons dîner dans un bon restaurant parisien. Ensuite, nous allons voir un ballet à l'Opéra de Paris. Après, nous allons au Café de la Paix pour prendre une boisson délicieuse et un bon dessert. Moi, je prends un cognac. Mon copain, il prend du champagne. Nous partageons (share) une tarte aux fruits. C'est délicieux! Puis, nous faisons une promenade au bord de la Seine avant de rentrer.*

_____

_____

_____

_____

_____

_____

_____

_____

_____

_____

_____

_____

_____

_____

_____

_____

CULTURE

Le café et le cinéma. In your textbook, read **Le cinéma français** on page 115 and **Le café** on page 117. Then complete the following sentences.

1. Il existe des cafés en France depuis _____.

2. En France, les gens vont au café pour _____.

3. Chaque année en mai, on présente de nombreux films au _____.

4. Les Français vont moins au cinéma à cause d(e) _____.

Qu'est-ce qui s'est passé?

Hier

⮕ Voir Structure 6.1 Le passé composé avec **avoir**

A. Le dernier jour de cours. Hier, c'était le dernier jour de cours avant les vacances d'hiver. Dites ce que les étudiants ont fait en utilisant les verbes de la liste au passé composé.

acheter	écouter	travailler	faire
prendre	chercher	ne pas regarder	

1. Kim a son examen final de maths. Elle _____ toute la nuit.

2. Laurence et Élise _____ des photos du campus pour les montrer à leurs parents.

3. Ken rentre chez lui en avion. Il _____ sa valise.

4. J'aime passer mon temps libre à lire pendant les vacances. Je (J') _____ beaucoup de livres et de magazines.

5. Brian et moi, nous allons faire une excursion en Italie après notre dernier examen. Nous

    _____ des informations sur la Toscane sur Internet. De plus, nous

    _____ des cassettes d'italien pour apprendre des expressions utiles.

6. Tu as trois examens à passer aujourd'hui. Alors, j'imagine que tu _____ le match de foot à la télé hier soir!

⮕ Voir Structure 6.2 Les expressions de temps au passé

B. La fin du semestre à la fac. Étienne vient de terminer (*just finished*) son premier semestre à l'université. Il pense aux changements dans sa vie depuis (*since*) le lycée (*high school*). Complétez le passage avec les expressions de temps suivantes: **le week-end dernier, le mois dernier, l'année dernière, il y a, pendant, hier soir.**

Étienne vient de finir son premier semestre à la fac. Pour lui, il est difficile à imaginer que

_____[1], il était (*was*) toujours au lycée. Oui, _____[2]

six mois, il a dit au revoir à ses profs du lycée pour la dernière fois. Il est fatigué aujourd'hui

parce qu(e) _____[3] il a passé cinq heures à étudier à la bibliothèque! Son

copain Eyméric a étudié _____[4] cinq heures aussi. Ce week-end va être

beaucoup plus amusant que _____[5], n'est-ce pas?

C. Une dernière soirée avant le départ. Étienne est sorti une dernière fois avec ses copains. Racontez ce qu'ils ont fait en mettant les phrases suivantes dans l'ordre chronologique. Utilisez le passé composé et les expressions suivantes.

d'abord   puis   ensuite   après   enfin

chercher un bon film dans *Pariscope* (je)

prendre le métro pour aller au cinéma (nous)

prendre un verre au café à côté du cinéma pour discuter du film (on)

quitter le café assez tôt car je devais *(I had to)* faire mes valises (je)

téléphoner à mes copains pour leur proposer d'aller voir le film (je)

voir le film ensemble (nous)

1. _____

2. _____

3. _____

4. _____

5. _____

6. _____

Comment raconter une histoire (introduction)

➲ Voir Structure 6.3 Le passé composé avec **être**

D. Deux expériences différentes. En rentrant chez vous pour les vacances, vous avez rencontré Kaitlin, une ancienne camarade de lycée. Complétez la conversation au passé composé.

VOUS: Je _____[1] (aller) à la première réunion du cercle français pour rencontrer d'autres étudiants.

KAITLIN: Pas moi. Je (ne pas faire) _____[2] d'efforts pour trouver de nouveaux amis. Je _____[3] (rester) avec mes copains du lycée.

VOUS: J'ai trouvé la nourriture de la cafétéria assez bonne. J'ai économisé *(saved)* beaucoup d'argent en mangeant sur le campus.

KAITLIN: Ah oui? Moi et mes copines, nous _____[4] (trouver) la cafétéria dégueulasse *(disgusting)*! Alors, nous _____[5] (sortir) au restaurant tout le temps. Maintenant je suis fauchée *(broke)*.

VOUS: Je n'ai pas raté un seul cours ce trimestre. Je (J') _____[6] (avoir) la chance de ne pas tomber malade.

KAITLIN: Moi, c'est le contraire. Je _____[7] (tomber) malade plusieurs fois et je me suis souvent absentée. J'ai peur *(afraid)* de voir mes notes!

VOUS: Les amis de ma sœur ont déjà reçu leurs notes. Ma sœur a passé ses examens la semaine dernière et elle _____[8] (déjà rentrer) chez mes parents.

KAITLIN: La mienne (*Mine*) aussi. Dis, est-ce que ta sœur _____9 (passer) par Atlanta en

rentrant à la maison?

VOUS: Oui! Ta sœur aussi? A-t-elle pris le vol (*flight*) 25 qui part de New York à 18h?

KAITLIN: Oui! Quelle coïncidence! Elles _____10 (retourner) à Lakeland par le même vol.

E. Une conversation au téléphone. Plus tard, vous parlez au téléphone avec un copain qui connaît Kaitlin. Complétez la conversation avec l'adverbe approprié: **bien, déjà, mal, pas encore, peu, souvent.**

VOUS: Dis, Timothé, je viens de voir Kaitlin sur le campus aujourd'hui pour la première fois ce semestre.

TIMOTHÉ: Ah oui? Elle va bien? J'imagine qu'elle a _____1 rencontré beaucoup de gens!

VOUS: Non, en fait (*in fact*) elle n'a _____2 de nouveaux amis.

TIMOTHÉ: Kaitlin? C'est surprenant (*surprising*). C'est peut-être parce qu'elle a trop étudié pendant son premier

semestre.

VOUS: Non, c'est le contraire (*opposite*). Elle a _____3 travaillé. Elle est

_____4 sortie avec ses copains de lycée.

TIMOTHÉ: Tu veux dire qu'elle n'a pas _____5 réussi dans ses cours?

VOUS: Elle dit qu'elle a _____6 travaillé. Elle a peur de voir ses notes. De plus, elle n'a

plus d'argent pour sortir pendant les vacances. Elle a _____7 tout dépensé (*spent*).

F. À vous! Répondez aux questions avec des phrases complètes. Ajoutez des détails intéressants.

1. Avec qui êtes-vous parti(e) en vacances pendant le dernier congé?

_____

_____

_____

2. Où êtes-vous parti(e) en week-end récemment? Qu'est-ce que vous avez fait?

_____

_____

_____

3. Quel est votre meilleur (*best*) souvenir de vacances? Où êtes-vous allé(e)? Avec qui? Comment avez-vous voyagé? Qu'est-ce que vous avez fait?

_____

_____

_____

Les informations

➲ Voir Structure 6.4 Les verbes comme **finir**

G. Quelle spécialisation? Un journaliste parle de sa profession aux étudiants qui pensent à pratiquer ce métier. Mettez les verbes entre parenthèses au présent.

Cela fait neuf ans que je suis photo-journaliste. C'est un métier formidable mais c'est aussi un métier très difficile. Quand je (choisir) _____[1] un sujet pour un de mes reportages, je (réfléchir) _____[2] longtemps avant de me décider. En fait, c'est toute une équipe qui (réfléchir) _____[3] avec moi pour analyser l'intérêt du sujet et sa difficulté. Heureusement, on (finir) _____[4] toujours par trouver un sujet qui plaira à nos lecteurs. Leurs opinions comptent beaucoup pour moi. Ils (réagir) _____[5] souvent aux articles publiés en envoyant des lettres directement à la rédaction (editor). En fait, mes collègues de travail et moi, nous (finir) _____[6] toujours par écouter la voix de nos lecteurs!

H. Vous et les nouvelles! Comment est-ce que vous restez au courant des nouvelles (news)? Est-ce que vous lisez un quotidien? un hebdomadaire? Le(s)quel(s) (Which one[s])? Est-ce que vous regardez régulièrement le journal télévisé (the news on TV)? Est-ce que les nouvelles vous intéressent?

_____

_____

_____

_____

_____

_____

Personnages historiques

➲ Voir Structure 6.5 Les verbes comme **venir** et **venir de** + infinitif

I. Les actualités 24/7. Vous lisez le journal chez vous. Quand vous trouvez une nouvelle intéressante, vous l'annoncez à votre famille. Pour chaque gros titre (headline), dites ce qui vient de se passer.

Modèle: Tom Daschle renonce à sa candidature à la présidence (presidency).
Maman, Tom Daschle vient de renoncer à sa candidature à la présidence!

1. L'Institut d'Édimbourg prend la décision d'euthanasier (to euthanise) la brebis (sheep) Dolly six ans après sa naissance par clonage.

   Papa, _____.

2. Des millions d'Européens manifestent (demonstrate) contre une guerre avec l'Iraq.

   Catherine, _____.

3. La bourse *(stock market)* chute *(falls)* de 3% devant la hausse *(rise)* du prix du pétrole.

Jacques, _____.

4. La France quitte les championnats de ski à Saint-Moritz sans *(without)* une médaille.

Papa, _____.

J. Les années 1995–2000. Regardez les pages 154–155 de votre livre et choisissez les quatre événements qui vous paraissent *(seem)* les plus importants. Pour le numéro un, écrivez une phrase au passé sur l'événement que vous trouvez le plus important. Continuez avec les autres événements (du plus important au moins important).

1. _____

2. _____

3. _____

4. _____

Maintenant, écrivez une phrase sur un événement qui est arrivé récemment.

5. _____

K. Portrait de Jacques Chirac.

A. Vous faites un exposé sur Jacques Chirac. Voici vos notes. Mettez les verbes au passé.

Jacques Chirac (naître) _____[1] le 29 novembre 1932 à Paris. Il (obtenir)

_____[2] les diplômes de Sciences-Po et de l'ENA et il (se marier)

_____[3] en 1956 avec Bernadette Chodron de Courcel avec laquelle il

(avoir) _____[4] deux enfants. Il (tenir) _____[5] le poste

de maire de Paris de 1985 à 1995, puis il (devenir) _____[6] président de la

République française.

B. Maintenant, écrivez votre article en utilisant les expressions suivantes: **d'abord, ensuite, puis** et **enfin.** Écrivez au passé composé.

1. _____

2. _____

3. _____

4. _____

5. _____

6. _____

Synthèse: Un voyage avec les Simpson.

Vous êtes allé(e) en vacances avec les Simpson. Racontez ce qui s'est passé. Utilisez les questions suivantes pour vous guider.

Questions: Où est-ce que vous êtes allés? Comment est-ce que vous avez voyagé? Où est-ce que vous avez logé? Vous avez visité quels sites touristiques? Quel temps a-t-il fait? Qu'est-ce que Bart, Lisa et Maggie ont fait pour s'amuser? Et les parents? Vous avez sans doute eu quelques complications? Expliquez ce qui s'est passé.

_____

_____

_____

_____

_____

_____

_____

_____

_____

_____

_____

_____

_____

CULTURE

Relisez **Comment les Français s'informent** à la page 150 et **Napoléon Bonaparte, empereur français** à la page 152 de votre manuel et complétez les phrases suivantes.

1. Les deux journaux les plus lus par l'élite française sont _____ et

   _____.

2. Par contre (*On the other hand*), le premier quotidien français est _____. C'est un journal destiné aux fanas de sport.

3. La presse est très respectée en France, mais de plus en plus de Français s'informent à travers le

   _____ qui passe pendant l'heure du dîner.

4. _____ est un magazine à grande circulation avec beaucoup de photos de gens célèbres.

5. Le grand nombre de magazines publiés en France reflète le goût des Français pour des sujets tels que

   _____, _____ et _____.

6. Napoléon Bonaparte, qui était originaire d'une famille _____, est devenu

   _____ de la France.

7. Il a conquis beaucoup de territoires en _____.

8. Après sa dernière défaite à _____, il a passé la fin de sa vie en exil sur

   _____.

On mange bien

Manger pour vivre

➲ Voir Structure 7.1 Les verbes avec changements orthographiques

A. Le guide idéal. Dans trois jours, Antoine, un guide de tourisme, va accompagner un groupe de Français en Espagne. Avant de partir, il leur écrit un message de courrier électronique. Ajoutez les accents appropriés—**aigus, graves,** ou **circonflexes**—qui manquent aux lettres en caractères gras *(in bold)*.

> Bonjour **a** tous! J'esp**e**re que tout va bien chez vous et que vous serez bient**o**t prets **a** partir **a** l'aventure! N'oubliez pas que le premier soir, nous d**i**nerons **a** l'int**e**rieur de l'Alhambra et qu'il faut une tenue *(dress)* habillée. Je dois aussi savoir ce que vous pr**e**f**e**rez prendre au banquet. S'il vous pl**a**it, r**e**pondez **a** cet e-mail pour me dire ce que vous aimeriez manger: du poisson, du bœuf ou du poulet. Autrement, je crois que tout est pr**e**t! Ah oui! Un dernier conseil… Achetez vos pellicules et vos piles avant de partir. Elles sont plus ch**e**res l**a**-bas. **E**crivez-moi si vous avez d'autres questions. **A** bient**o**t!
>
> Antoine

B. Des souvenirs de l'Alhambra. Après leur visite de l'Alhambra, un palais merveilleux à Grenade, Marie et Henri Delavault vont dans un magasin de souvenirs pour acheter des cadeaux. Complétez leur dialogue en utilisant la forme correcte du verbe entre parenthèses.

MARIE: Henri, regarde ces beaux souvenirs. J'aime surtout les gravures *(reproductions)* du palais.

_____ [1] (Acheter/nous)-en quelques-unes pour les petits-enfants!

HENRI: Pour les petits-enfants? Mais non, les petits _____ [2] (préférer) les bonbons et les jouets *(toys)*.

MARIE: Tu as peut-être raison. Mais j'_____ [3] (espérer) trouver quelque chose pour leurs parents aussi.

HENRI: Bon, si tu veux. Moi, j'_____ [4] (acheter) ces cartes postales. Qu'est-ce que tu regardes, Marie?

MARIE: Je _____ [5] (jeter) un coup d'œil *(take a look)* à ce beau livre qui raconte les légendes de l'Alhambra.

HENRI: Il faut trouver un téléphone. Si nous _____ [6] (appeler) Isabelle et Jean-Marie tout de suite, ils seront chez eux. Nous avons promis de leur téléphoner à notre arrivée *(arrival)*.

➲ **Voir Structure 7.2 Le partitif**

C. Quel dîner! Le groupe français vient de prendre un repas extraordinaire au palais. Marie est tellement impressionnée par le dîner qu'elle doit téléphoner à sa meilleure amie pour le lui décrire. Complétez sa description en utilisant l'article défini (**le, la, les**), partitif (**du, de l', de la** ou **de**) ou l'article indéfini (**un[e], des**) qui convient.

Ah, Camille, tu ne peux pas imaginer le repas qu'on vient de prendre! J'adore

_____ [1] cuisine de cette région! Ici, on a _____ [2]

respect *(m)* pour les produits du terroir *(area)*. Il y avait _____ [3] poulet

avec _____ [4] riz espagnol, _____ [5] poisson avec

_____ [6] légumes de la région et _____ [7] soupe aux

fruits de mer. C'était beau comme tout *(incredibly beautiful)*! Je n'ai pas tellement aimé

_____ [8] sangria *(f)* car elle était très sucrée. Alors, j'ai pris

_____ [9] eau avec mon repas. Mais après _____ [10]

dessert, nous avons pris un bon digestif! _____ [11] bon cognac français!

D. À vous! Répondez aux questions suivantes avec des phrases complètes.

1. Qu'est-ce que vous mangez d'habitude au dîner?

_____

2. Qu'est-ce que vous aimez commander dans un restaurant français?

_____

3. Qu'est-ce que vos amis mangent quand ils sont au régime *(diet)*?

_____

Les courses: un éloge aux petits commerçants

➲ Voir Structure 7.3 Les expressions de quantité et le pronom **en**

E. Faisons les courses! La famille de Marie et Henri Delavault prépare un repas pour fêter leur retour d'Espagne. Ils préfèrent acheter leurs provisions dans les petits commerces ou au marché en plein air. Indiquez où ils vont pour acheter les produits suivants et la quantité qu'ils en achètent.

Quantités: une douzaine, une bouteille, un pot, un litre, un kilo/demi-kilo, une boîte, un paquet, deux, une.

Commerces: la boulangerie-pâtisserie, le marché en plein air, l'épicerie, la boucherie

D'abord, ils vont _____[1] pour acheter _____[2] bœuf.

Ensuite, ils vont _____[3] pour acheter _____[4] sauce

tomate, _____[5] eau minérale et une bonne _____[6] vin.

Oh, ils ont presque oublié d'acheter _____[7] beurre! Il fait beau aujourd'hui!

Ils vont _____[8] acheter des fraises, des abricots et des asperges. Ils y achètent

aussi _____[9] œufs. Finalement, ils vont _____[10] où ils

achètent _____[11] baguettes et _____[12] tarte au citron.

Ils espèrent n'avoir rien oublié!

F. Comment faire une bonne ratatouille? Isabelle, la belle-fille de Marie, veut savoir comment faire une bonne ratatouille. Marie répond à ses questions en utilisant **en** pour éviter la répétition.

Modèle: ISABELLE: Pour six personnes, combien est-ce que j'achète de courgettes *(zucchini)*?
MARIE: (quatre) *Tu en achètes quatre.*

ISABELLE: Faut-il des tomates?

MARIE: (un demi-kilo) Oui, il _____[1].

ISABELLE: Est-ce que je mets des aubergines *(eggplant)* dans la ratatouille?

MARIE: (une) Oui, tu _____[2].

ISABELLE: On met aussi des carottes?

MARIE: Ah non! N'_____[3] pas!

ISABELLE: Est-ce que je peux _____[4] garder quelques jours?

MARIE: Oui, tu _____[5] pendant une semaine au frigo.

L'art de la table

➲ Voir Structure 7.4 L'impératif

G. Un dîner élégant. Isabelle et son mari Jean-Claude doivent préparer un dîner formel à la fin du mois. Ils veulent tout faire correctement. Alors ils visitent un site sur Internet qui s'appelle «L'Art de la Table». Voici les conseils qu'ils y trouvent. Mettez les verbes entre parenthèses à l'impératif.

L'Art de la Table

Il faut maîtriser l'art de la table pour montrer votre bon goût *(taste)* et pour faire plaisir à vos invités. Voici quelques conseils de base…

D'abord, il faut savoir qui va s'asseoir où. _____[1] (donner) la place d'honneur aux personnes que vous invitez pour la première fois ou qui ont une fonction importante. _____[2] (mettre) l'homme d'honneur à droite de l'hôtesse et la femme à droite de l'hôte. _____[3] (ne pas placer) les gens n'importe où *(just anywhere)*. _____[4] (être) prêts lorsque vos invités arrivent. _____[5] (avoir) les bouteilles de vin ouvertes à l'avance. _____[6] (savoir) par cœur le nom de vos invités pour faire les présentations.

Une fois à table, _____[7] (ne pas mettre) les mains sur les genoux. (C'est la tradition en Angleterre et aux États-Unis.) _____[8]-les sur la table. Finalement, _____[9] (éviter) les sujets tabous: la politique, la religion et le sexe.

Les plats des pays francophones

➲ Voir Structure 7.5 Les pronoms d'objets directs: **me, te, le, la, nous, vous** et **les**

H. Parlons cuisine! Parmi les invités à la soirée d'Isabelle et Jean-Claude il y a des gens de plusieurs pays. La conversation tourne à leurs repas typiques et à ce qu'ils aiment manger. Complétez les phrases avec **en** ou un pronom d'objet direct (**me, te, nous, vous, le, la, les**).

ANTONIO: Mademoiselle, je peux _____[1] servir du vin?

CARRIE: Oui, merci.

ANTONIO: Alors, vous aimez ce Bordeaux?

CARRIE: Oui, je _____[2] aime bien. Il est délicieux.

ANTONIO: On dit que les Américains aiment beaucoup les hamburgers. Est-ce vrai?

CARRIE: Mais non, c'est un stéréotype! On n(e) _____[3] mange pas tout le temps. C'est peut-être comme vous, les Italiens. Est-ce que vous adorez la pizza?

Antonio: Je ne _____⁴ adore pas. Mais je _____⁵ aime bien. Et j(e) _____⁶ prépare assez souvent.

Hamed: Oui, c'est comme moi avec le couscous. Le couscous, je _____⁷ préfère aux pommes de terre, mais je n(e) _____⁸ mange pas à chaque repas.

Carrie: Oh, ces plats marocains comme le couscous et le tagine, je _____⁹ adore! L'autre jour, mon mari et moi, nous sommes sortis avec des amis maghrébins. Ils _____¹⁰ ont invités dans un petit restaurant typique. On a très bien mangé.

Isabelle: C'est vrai, les restaurants ethniques, on _____¹¹ trouve partout maintenant. On dit que nous sommes ethnivores! Moi, par exemple, j'adore la fondue. Ce n'est pas exactement ethnique, mais c'est une spécialité suisse. On _____¹² sert dans un petit restaurant suisse tout près de chez nous.

Comment se débrouiller au restaurant

I. Brian veut montrer son «savoir-vivre». Brian, un ami américain d'Isabelle et Jean-Claude, veut inviter une amie au restaurant, mais il n'est pas sûr de son français. Il a écrit des phrases sur une feuille de papier et il cherche la traduction en français. Quelle est la traduction qu'Isabelle va lui donner?

1. Ask for a table for two people.

_____

_____

2. Call the waiter and ask for the menu.

_____

_____

3. Ask the waiter for a recommendation.

_____

_____

4. Place an order, for example **des escargots** for an hors d'oeuvre and **une entrecôte grillée** as a main course.

_____

_____

5. Ask for the check and find out if the tip is included.

_____

_____

J. Brian a de la chance. Il se trouve dans un restaurant avec Jean-Claude qui lui donne une petite leçon sur les plats typiquement français.

Menu

Foie gras
ou
Escargots
∽

Bœuf bourguignon
ou
Saumon grillé
∽

Jardinière de légumes
ou
Asperges sauce crevettes
∽

Plateau de fromages
∽

Plateau de fruits
ou
Profiteroles au chocolat
∽

Café
∽

Pousse-Café
∽

Vin rouge: Grand cru bourgeois Château Laforge 1987
Vin blanc: Muscadet 1989

BRIAN: Jean-Claude, qu'est-ce que le foie gras?

JEAN-CLAUDE: Eh bien, c'est une sorte de pâté. Connais-tu le pâté?

BRIAN: _____ 1.

JEAN-CLAUDE: Si tu ne le connais pas, je te conseille de commander les escargots. Ils sont délicieux et les Américains les aiment, normalement. Que prends-tu donc?

BRIAN: _____ 2.

JEAN-CLAUDE: Et comme plat principal? Préfères-tu le bœuf bourguignon ou le saumon grillé?

BRIAN: _____ 3.

JEAN-CLAUDE: Avec le bœuf, on prend toujours du vin rouge, mais avec du poisson, on prend du blanc, alors tu vas boire…

BRIAN: _____ 4.

En ce qui concerne les légumes, je sais que la jardinière de légumes contient une grande variété de légumes comme des carottes, des petits pois, et cetera, mais je ne comprends pas ce qu'il y a dans l'autre choix. Qu'est-ce que c'est «asperges» et «sauce crevettes»?

JEAN-CLAUDE: Eh bien, «asperges» se dit *asparagus* en anglais, et la «sauce crevettes», c'est une sauce avec des *shrimp*.

BRIAN: Ah, oui! Je me souviens maintenant. Dans ce cas, _____5.

JEAN-CLAUDE: Excellent choix. Alors, pour le plateau de fromages, il n'y a pas de choix, mais tu dois prendre une décision à propos du dessert. Tu comprends le mot «plateau de fruits», n'est-ce pas? C'est une sélection de fruits. Je parie (bet) que tu ne connais pas les profiteroles. C'est une sorte de pâtisserie en forme de boule avec de la crème ou de la glace à l'intérieur et une sauce au chocolat au-dessus. Je les adore. Que préfères-tu comme dessert?

BRIAN: _____6.

JEAN-CLAUDE: Encore une fois, je te félicite sur ton excellent goût. C'est très impressionnant.

BRIAN: Eh bien, maintenant que nous avons tout choisi, on peut savourer notre repas!

JEAN-CLAUDE: Tu as vraiment tout compris. _____7 et bon appétit!

Synthèse: La recette de mon plat préféré.

Comment préparer votre plat préféré? Qu'est-ce qu'il faut acheter d'abord? Comment combiner ces ingrédients pour bien préparer le plat? En suivant le modèle, écrivez la recette de votre plat favori.

Modèle: *Mon plat préféré, c'est le couscous. C'est très facile à préparer. D'abord, il faut acheter tous les ingrédients. On peut faire le couscous avec du poulet, du bœuf ou de l'agneau. Moi, je le prépare toujours avec de l'agneau. Ensuite, il faut prendre des carottes, des pois chiches, des petits pois et des courgettes. Pour la sauce, il faut des tomates, du sel, du poivre et un peu d'ail. D'abord on fait cuire les carottes dans la sauce tomate. Ensuite, on ajoute la viande et les légumes et on laisse le tout cuire à feu doux. Au bout d'une heure, on peut faire bouillir l'eau pour préparer la semoule. On met une tasse de semoule dans l'eau bouillante et on couvre la casserole pour laisser gonfler la semoule. Quand la semoule est prête, on la met dans un plat creux et on place la sauce (une sorte de ragoût) dessus. C'est vraiment excellent et je vous conseille d'essayer ma recette chez vous!*

_____

_____

_____

_____

_____

_____

_____

_____

_____

_____

_____

_____

_____

CULTURE

Les Français à table: Où faire les courses? Qu'est-ce qu'on mange? Lisez **Les Français à table** à la page 172, **Où faire les courses** à la page 174 et **Qu'est-ce qu'on mange dans les pays francophones?** à la page 180 de votre manuel. Choisissez la bonne réponse pour compléter les phrases.

_____ 1. En France, le dîner est traditionnellement un repas…

    a. très copieux.

    b. assez léger.

    c. qu'on prend au restaurant.

_____ 2. Les repas de fêtes sont…

    a. traditionnels.

    b. semblables aux repas quotidiens.

    c. pris au restaurant.

_____ 3. Les petits commerces sont populaires parce que (qu')…

    a. on y trouve une grande quantité de produits.

    b. le service est personnalisé.

    c. les prix sont plus bas que dans les grandes surfaces.

_____ 4. Au marché en plein air,…

    a. on trouve des produits régionaux.

    b. on peut faire les courses tous les jours.

    c. le service est impersonnel.

_____ 5. En France on mange de plus en plus de…

    a. produits traditionnels.

    b. fromage et de pain.

    c. plats ethniques.

Souvenirs

Souvenirs d'enfance

➲ Voir Structure 8.1 L'imparfait

A. Michel et Béatrice. Michel et Béatrice sont un nouveau couple. C'est toujours le début de leur relation et ils ne se connaissent pas encore très bien, alors ils se posent beaucoup de questions et passent des soirées à parler en tête-à-tête. Dans le passage suivant, Michel parle à Béatrice de son enfance. Complétez ses souvenirs en conjuguant les verbes entre parenthèses à l'imparfait.

Quand j(e) (être) _____¹ petit, j(e) (habiter) _____²

dans une grande maison à la campagne avec mes parents et mes deux frères, Henri et Bernard.

Mon père (travailler) _____³ comme vétérinaire et ma mère (être)

_____⁴ avec nous à la maison.

Je me souviens que parfois, au printemps, mes frères et moi, nous (aller)

_____⁵ chasser les papillons. Mes frères (jouer) _____⁶

beaucoup dehors (*outside*) mais moi, je (lire) _____⁷ des tonnes de livres. Ma

mère (dire) _____⁸ toujours que je (devoir) _____⁹

moins étudier et plus jouer!

B. Questions personnelles. Répondez aux questions suivantes avec des phrases complètes.

1. Que faisiez-vous après l'école quand vous étiez petit(e)?

_____

2. Qu'est-ce que vous aimiez regarder à la télévision?

_____

3. Où préfériez-vous aller en vacances avec votre famille?

_____

L'album de photos

➲ Voir Structure 8.2 Les pronoms relatifs **qui, que** et **où**

C. Une photo d'enfance de Michel. Michel montre une photo de lui avec son père à Béatrice. Complétez son commentaire en utilisant les pronoms relatifs **qui, que** ou **où**.

Regarde! C'est moi quand j'avais huit ou dix ans. Et là, c'est

mon père _____[1] n'est pas content! Je me

souviens que j'avais cassé une vitre *(window)* de la voiture en

jouant au ballon… et c'était la voiture

_____[2] il venait juste d'acheter. C'était

également l'année _____[3] ma petite sœur

Juliette est née. Tu sais, c'est ma sœur

_____[4] est prof de français à Londres, celle

(the one) _____[5] tu as rencontrée chez mes

parents. Ah, nous avons tous drôlement grandi *(grown up)*!

D. L'album de photos. Michel emmène Béatrice chez lui pour lui montrer son album de photos. Elle s'intéresse surtout aux photos du voyage que sa famille a fait en Italie quand Michel avait sept ans. Jouez le rôle de Michel en décrivant les photos. Complétez chaque phrase avec **qui, que** ou **où** et ajoutez des détails de votre imagination.

Verbes utiles: visiter, rencontrer, montrer, inviter, aller, jeter, nager, faire, voir

Modèle: C'est le restaurant *où nous avons mangé de la pizza napolitaine.*

1. Ce sont les amis _____ .

2. C'est la dame italienne _____ .

3. C'est la gondole _____ .

4. C'est la cathédrale _____ .

5. C'est la fontaine célèbre _____ .

Communiquer en famille

➲ Voir Structure 8.3 Les verbes **lire, dire** et **écrire** avec les pronoms d'objet indirect

E. Autrefois et aujourd'hui. Michel continue à parler de ses souvenirs d'enfance et il les compare à sa vie d'aujourd'hui. Complétez ses commentaires avec les formes appropriées du verbe donné entre parenthèses à l'imparfait d'abord et ensuite au présent.

1. (lire) Quand nous étions petits, nous _____ des BD. Mes frères en

_____ toujours. Ils adorent *Astérix*.

2. (écrire) Je me souviens très bien de mes leçons d'écriture. Il y avait toujours des taches d'encre sur mes feuilles

de papier. Est-ce que tu _____ bien? Même aujourd'hui j(e) _____

assez mal.

3. (dire) Mes parents me _____ de faire attention à ce que je faisais. Même aujourd'hui,

quand je conduis avec mon père, il me _____ de faire attention.

F. Béatrice parle de son enfance. Maintenant, Béatrice parle à Michel de sa famille et de son enfance. Complétez ce qu'elle en dit en utilisant un pronom d'objet direct ou indirect.

MICHEL: Est-ce que ce sont tes grands-parents ici?

BÉATRICE: Oui. Je _____¹ aime beaucoup et tu sais, je _____² téléphone

toujours au moins une fois par semaine. Eux, ils _____³ écrivent des lettres une

fois par mois. Quand j'étais enfant, j'allais en vacances chez eux avec Thomas, mon frère. Nous

_____⁴ aidions dans le jardin et mon grand-père _____⁵

emmenait pêcher *(to go fishing)*. Tiens, voilà une autre photo de Thomas et moi.

MICHEL: Et c'est ton père qui _____⁶ parle?

BÉATRICE: Non, c'est mon oncle. Il _____⁷ apprenait à faire de la voile sur des petits

dériveurs *(sailing dinghies)*.

MICHEL: Mais… tu _____⁸ as dit que tu détestais aller à la mer!

BÉATRICE: C'est vrai! J'y suis trop allée dans mon enfance!

Comment comparer (introduction)

➲ Voir Structure 8.4 Le comparatif (introduction)

G. Fana(tique) de sports. Michel est fana de sports et il veut savoir si Béatrice les aime aussi. Elle lui explique son avis *(opinion)*. Écrivez l'opinion de Béatrice en utilisant une comparaison avec **plus, moins** ou **aussi**.

Modèle: les Lakers / les Bulls (bon)
À mon avis, les Bulls sont meilleurs que les Lakers.

1. les matches de foot / les matches de basket (intéressant)

_____

2. l'équipe de foot de Marseille / l'équipe de Paris (bon)

_____

3. le golf / le rugby (ennuyeux)

_____

4. le baby-foot *(foosball)* / le flipper *(pinball)* (amusant)

_____

5. les spectateurs de foot / les spectateurs de tennis (fanatique)

_____

H. Béatrice parle de ses préférences. Maintenant, Béatrice demande à Michel de donner son opinion sur une variété de sujets. Pour chaque phrase de Béatrice, donnez une opinion opposée en utilisant le comparatif. Suivez le modèle.

    Modèle: **Béatrice:** Brad Pitt est le plus bel acteur de Hollywood.
                  Michel: Mais, non! *Je trouve que Matthew McConaughey est plus beau que Brad Pitt.*

Béatrice: Les films d'action sont les meilleurs!

Michel: Mais, non! _____.

Béatrice: Je crois que la cuisine indienne est délicieuse.

Michel: Oui, mais _____.

Béatrice: La ville de New York est très polluée.

Michel: Oui, mais _____.

Béatrice: Je trouve que les livres de Toni Morrison sont excellents.

Michel: Moi, _____.

Béatrice: Le jazz est ennuyeux!

Michel: Mais, non! _____.

Souvenirs d'une époque

➲ Voir Structure 8.5 Le passé composé et l'imparfait (introduction)

I. Les années 90 en France. Michel parle des années 90 à Tom, un ami américain. Complétez le dialogue suivant en mettant les verbes au passé composé ou à l'imparfait.

Tom: Dis-moi, Michel, qu'est-ce qui se passait en France dans les années 90?

Michel: Tu sais, c(e) (être) _____[1] des années assez difficiles, tout d'abord sur le plan

           économique et social. Je me souviens qu'il y (avoir) _____[2] des grèves *(strikes)*

           fréquentes et des problèmes de violence liés au racisme. En 1994, les étudiants et les lycéens (organiser)

           _____[3] une grève nationale pour protester contre la détérioration du système

           d'enseignement public.

Tom: Est-ce que c'est pendant ces années-là que vous (changer) _____[4] de président de la

           République?

Michel: Exactement. Le socialiste François Mitterrand (terminer) _____[5] son mandat prési-

           dentiel en 1995 et il (laisser) _____[6] la place à Jacques Chirac, qui est conservateur.

Tom: Et au niveau de la culture populaire?

Michel: Ah! Il y (avoir) _____[7] beaucoup de discussions autour du projet «Euro-Disney»

           qui, finalement, (changer) _____[8] de nom en 1995 pour s'appeler «Disneyland-

           Paris». Et à propos des États-Unis, une de nos stars (devenir) _____[9] célèbre chez

           vous avec le film *Mon père ce héros*.

Tom: Je le connais! C'est Gérard Depardieu! Et en musique, des nouveautés?

MICHEL: Oui. Ce que je me rappelle, c'est que le rap (prendre) _____¹⁰ beaucoup d'impor-

tance, principalement avec un chanteur, MC Solaar. Tu aimes le rap?

TOM: Je l'adore! Il faudra que tu me prêtes un CD de ce MC Solaar.

J. Souvenirs d'un beau voyage. Béatrice parle à Michel et Tom du voyage que sa famille a fait en Égypte quand elle était petite. Complétez sa description en utilisant des mots de la liste suivante.

était	m(e)	qu(e)
visité	plus	qui
que	sommes montés	moins
plus	où	

Quand j'avais sept ans, nous avons fait un beau voyage en Égypte. Nous avons

_____¹ des pyramides. C'_____² vraiment impres-

sionnant! Pour y arriver, nous _____³ sur des chameaux *(camels)*

_____⁴ nous ont amenés du Nil jusqu'au pied des pyramides. Ma tante a

eu tellement peur _____⁵ elle ne voulait plus retourner au bateau! Elle

_____⁶ a dit qu'elle préférait dormir dans une pyramide plutôt que de

remonter sur une de ces bestioles *(beasts)*! Enfin! Moi, j'ai trouvé _____⁷

les pyramides étaient _____⁸ fascinantes que les monuments de Paris. Tous

les musées _____⁹ je suis déjà allée sont _____¹⁰

impressionnants qu'elles!

Synthèse: Mes souvenirs d'enfance.

Qu'est-ce que vous aimiez faire à l'âge de sept ou huit ans? Faites quelques comparaisons entre vous et vos frères/sœurs/amis de l'époque. Quels bons souvenirs gardez-vous de cette époque? Essayez de vous souvenir de ce qui s'est passé dans le monde, si possible. Écrivez un paragraphe à l'imparfait qui décrit les activités et les amis les plus mémorables de votre septième ou huitième année.

Modèle: *Quand j'avais 7 ans, j'adorais rester à la maison et jouer avec ma petite sœur. Moi et Marie, nous aimions danser, nager dans la piscine et cuisiner des petits gâteaux. Marie était plus sportive que moi. Surtout, nous aimions jouer avec nos poupées. Nous faisions souvent des "tea parties" avec elles. Ma poupée favorite s'appelait Madeleine. Elle était blonde avec les yeux bleus. Il y avait une BD à l'époque qui s'appelait Madeleine aussi. On avait aussi des lapins (rabbits) qui vivaient dans des cages dans la maison. Nous aimions sortir les lapins pour les caresser (to pet). Ils étaient très mignons! Je me souviens qu'il y avait un mouvement politique pour protéger les animaux domestiques, et je voulais en devenir membre. C'était très sympa parce que ma mère ne travaillait pas. Elle restait à la maison avec nous et souvent, elle jouait aussi avec les poupées et les lapins. Mon enfance était vraiment idéale.*

_____

_____

_____

_____

_____

_____

_____

_____

_____

_____

_____

_____

CULTURE

Relisez **Les BD** à la page 214 et **Un survol du 20ᵉ siècle** à la page 216 de votre manuel. Indiquez si les affirmations suivantes sont vraies ou fausses.

1. À l'école, Titeuf est très fort en maths. **vrai** **faux**

2. Avec Titeuf et sa bande d'amis, Zep communique les préoccupations *(worries)* de cette génération. **vrai** **faux**

3. Les aventures de Tintin sont les histoires d'un petit Gaulois et de ses amis qui triomphent de leurs adversaires. **vrai** **faux**

4. La plupart *(Most)* des Français considèrent la BD comme un art. **vrai** **faux**

5. Dans les années 30, il n'y avait pas beaucoup de chômeurs en France. **vrai** **faux**

6. Brigitte Bardot est devenue célèbre dans les années 50 parce qu'elle chantait dans les caves parisiennes. **vrai** **faux**

7. Le général de Gaulle a démissionné *(resigned)* de son poste de président de la République après les événements de mai 1968. **vrai** **faux**

8. La crise du pétrole a eu une influence positive sur l'économie française. **vrai** **faux**

9. On appelait les années 85–90 «les années cocooning» parce qu'on avait tendance à rester à la maison pour regarder la télé. **vrai** **faux**

À la découverte du monde francophone

Les pays francophones

➜ Voir Structure 9.1 Les prépositions et la géographie

A. Un agent de voyages extraordinaire. Paul est un agent de voyages qui se spécialise en tarifs réduits et en aventure! Aujourd'hui, il téléphone à ses clients pour leur expliquer leurs itinéraires de voyage dans le monde francophone. Jouez le rôle de Paul et expliquez aux clients d'où ils partent et où ils arrivent en suivant le modèle.

> **Modèle:** Bruxelles / Belgique – Paris / France
> *Vous partez de Bruxelles en Belgique et vous arrivez à Paris en France.*

1. Dakar / Sénégal – Nice / France

_____

2. Berlin / Allemagne – Casablanca / Maroc

_____

3. Montréal / Canada – Pointe-à-Pitre / la Guadeloupe

_____

4. Genève / Suisse – Cayenne / Guyane

_____

5. Londres / Angleterre – La Nouvelle-Orléans / États-Unis

_____

B. Un nouvel agent. Paul vient d'engager un nouvel employé dans son agence. Il lui demande d'étudier la géographie du monde avant de commencer son travail. Jouez le rôle du nouvel employé. Regardez chaque liste d'endroits, identifiez la catégorie, puis barrez *(cross out)* l'intrus.

1. le Niger, Madagascar, la Réunion, la Martinique, la Nouvelle-Calédonie, Saint-Pierre-et-Miquelon

Catégorie: _____

2. le Mississippi, l'Amazone, les Antilles, le Nil, le Danube, le Saint-Laurent

Catégorie: _____

3. le Mont Blanc, l'Himalaya, les Andes, les Pyrénées, les Rocheuses, la Tunisie

Catégorie: _____

4. le Kalahari, le Sahara, la Méditerranée, le Mojave, la vallée de la Mort

Catégorie: _____

⮞ **Voir Structure 9.2 Le pronom y**

C. Où vont les clients de Paul? Devinez où ils vont en suivant le modèle. Employez le pronom **y** en répondant aux questions.

> **Modèle:** Dans la valise de Jean, il y a des chaussures de ski et plusieurs pull-overs. Va-t-il à Haïti?
> *Non, il n'y va pas. Il va en Suisse.*

1. Dans la valise de Lucille, il y a un maillot de bain, un masque de plongée et des lunettes de soleil. Elle va à Québec, n'est-ce pas?

   _____

2. Dans la valise de François, il y a un appareil photo, un chapeau et un guide sur les animaux de la forêt équatoriale. Va-t-il en République démocratique du Congo?

   _____

3. Dans la valise de Fabrice, il y a un livre sur le bouddhisme et des chaussures de randonnée. Est-ce qu'il va au Népal?

   _____

4. Dans la valise de Pierre et de Jacques, il y a un guide sur les pays du Maghreb et des lunettes de soleil. Vont-ils au Sénégal?

   _____

5. Dans la valise de Michèle et de Laurence, il y a un guide sur le château Frontenac et un horaire des bateaux qui naviguent sur le fleuve Saint-Laurent. Elles vont en Belgique, n'est-ce pas?

   _____

Comment comparer (suite)

➲ Voir Structure 9.3 Le comparatif (suite) et le superlatif

D. Paul fait des recherches. Pour mieux servir sa clientèle, Paul fait des recherches sur quelques départements et territoires d'outre-mer. En travaillant sur Internet, il trouve les informations suivantes. Quelles comparaisons est-ce qu'il fait à partir de ces recherches? Pour chaque section, suivez le modèle ou les directions données.

DÉPARTEMENTS D'OUTRE-MER (DOM)	TERRITOIRES D'OUTRE-MER (TOM)
Même statut que les départements de la Métropole.	Dirigés par un conseil et une assemblée élus et par un haut commissaire nommé par la France.
La Martinique 422 280 habitants Superficie: 1 100 km² Analphabétisme: 7 %	**La Nouvelle-Calédonie** 207 860 habitants Superficie: 19 060 km² Analphabétisme: 9 %
La Guadeloupe 435 740 habitants Superficie: 1 780 km² Analphabétisme: 10 %	**Wallis-et-Futuna** 15 585 habitants Superficie: 274 km² Analphabétisme: 50 %
La Réunion 743 980 habitants Superficie: 2 515 km² Analphabétisme: 21 %	**La Polynésie française** 257 850 habitants Superficie: 4 165 km² Analphabétisme: 2 %
La Guyane 182 330 habitants Superficie: 90 000 km² Analphabétisme: 17 %	**Mayotte** 170 880 habitants Superficie: 374 km² Analphabétisme: ~50%
Saint-Pierre-et-Miquelon 6 955 habitants Superficie: 242 km² Analphabétisme: 1 %	

CIA World Factbook 2002, http://www.cia.gov/cia/publications/factbook/

1. Écrivez des comparaisons.

> **Modèle:** DOM / + grand / – grand
> *La Guyane est le plus grand DOM, et Saint-Pierre-et-Miquelon est le moins grand DOM.*

a. DOM / + peuplé / – peuplé

_____

b. TOM / + petit / – petit

_____

c. les habitants de ce DOM / + instruits *(literate)* / – instruits

_____

2. Écrivez une phrase complète pour dire quel département ou territoire a…

    a. (le + d'habitants) _____

    b. (le + de kilomètres carrés [km^2]) _____

    c. (le – d'analphabétisme) _____

3. Écrivez deux comparaisons différentes en utilisant les expressions **autant de, moins de** ou **plus de.** Parlez de la population et de l'analphabétisme.

    Modèle: la Martinique et la Guadeloupe
                La Martinique a presqu'autant d'habitants que la Guadeloupe. Elle a moins d'analphabétisme.

    a. la Réunion et la Guyane

    _____

    _____

    b. la Nouvelle-Calédonie et la Polynésie française

    _____

    _____

    c. Wallis-et-Futuna et la Guadeloupe

    _____

    _____

Les moyens de transport

➲ **Voir Structure 9.4 Il faut, il vaut mieux + infinitif**

E. Qu'est-ce qu'il faut amener? Paul a organisé un voyage en Afrique pour un groupe d'étudiants de l'université. Ils lui demandent s'ils peuvent amener certaines choses, et il leur répond. Imaginez ce qu'il dit en écrivant une phrase avec **il faut, il ne faut pas** ou **il vaut mieux.** S'il y a un objet direct, remplacez-le par le pronom approprié (**le, la, les, y, en**).

    Modèle: CÉLINE: Je dois apporter <u>la clé de ma valise</u>, n'est-ce pas?
                PAUL: *Oui, il faut l'apporter.*

1. CATHERINE: Pour y arriver, allons-nous voyager en avion ou en bateau?

    PAUL: Pour y arriver le plus vite possible, _____ 1.

2. JEAN ET MARIE: Nous devons apporter <u>nos passeports</u>, n'est-ce pas?

    PAUL: Oui, _____ 2.

3. LUDOVIC: Je peux fumer <u>dans l'avion</u>?

    PAUL: Non, _____ 3.

4. ANNE: Est-ce qu'il faut amener <u>l'itinéraire</u> avec l'adresse de l'hôtel?

    PAUL: Oui, _____ 4.

5. CORINNE: Est-ce que je devrais prendre <u>mes trois grandes valises ou une seule</u>?

    PAUL: Pour te déplacer plus facilement, _____ 5.

6. MANU: J'aimerais louer une voiture en Afrique. Est-ce qu'il vaut mieux apporter mon <u>permis de conduire</u> et <u>ma carte de crédit</u>?

    PAUL: Oui, _____ 6.

Les vacances de vos rêves

➲ Voir Structure 9.5 Les verbes **savoir** et **connaître**

F. Paul invite sa cousine à lui rendre visite. Paul ne peut pas quitter Nice cet été parce qu'il a trop de travail. Alors, il invite sa cousine et son copain à passer une semaine avec lui. Complétez sa lettre avec la forme correcte de **savoir** ou **connaître**.

Chère Pascale,

J'espère que toi et ton copain allez pouvoir venir cet été! Je _____¹ que vous

_____² peu le Midi *(south)* et je suis sûr que vous allez aimer cette région!

_____³-vous quand vous pouvez venir exactement? Je veux

_____⁴ parce que je dois faire des réservations de chambres d'hôtel.

_____⁵-vous la région de Cannes? Comme tu le _____⁶,

c'est la ville du fameux festival du film. Je _____⁷ un petit hôtel très sympa-

thique et pas cher du tout. Nous pouvons y loger pendant quelques jours. Et comme je

_____⁸ bien l'accent des gens du Midi, nous n'aurons aucun problème!

À très bientôt!

G. Questions personnelles. Répondez aux questions suivantes avec des phrases complètes.

1. Quel(s) sport(s) savez-vous faire et quand le(s) pratiquez-vous?

_____

_____

2. Quand vous passez des vacances en famille, où préférez-vous aller? Qu'est-ce que vous aimez faire ensemble?

_____

_____

3. Quelles sont les vacances de vos rêves? Où allez-vous? Qu'est-ce que vous savez de cet endroit? Qu'est-ce que vous y faites?

_____

_____

Comment demander des renseignements à l'agence de voyages

H. Une conversation à l'agence de voyages. Voici une conversation qui a eu lieu dans l'agence de Paul. Remettez les phrases dans le bon ordre.

_____	1.	**a. AGENT:**	Non, il n'y a qu'un vol par jour.
_____	2.	**b. AGENT:**	Quand voulez-vous voyager?
_____	3.	**c. CLIENT:**	En classe touriste.
_____	4.	**d. CLIENT:**	Oui, s'il vous plaît.
_____	5.	**e. CLIENT:**	Je voudrais aller à Dakar.
_____	6.	**f. AGENT:**	Il y a un vol direct Paris-Dakar sur Air Sénégal qui part à 10h00.
_____	7.	**g. CLIENT:**	C'est combien, un billet aller-retour?
_____	8.	**h. AGENT:**	Bonjour, monsieur. Je peux vous aider?
_____	9.	**i. AGENT:**	Alors, c'est 655 euros. Vous voulez faire une réservation?
_____	10.	**j. CLIENT:**	Il y a un autre vol plus tard?
_____	11.	**k. CLIENT:**	Dans deux semaines, le 30 mars. Et puis je voudrais revenir le 6 avril.
_____	12.	**l. AGENT:**	Préférez-vous voyager en première classe ou en classe touriste?

I. Les conseils d'un agent de voyages. Imaginez que vous allez à l'agence de Paul pour demander des conseils. Complétez votre conversation en utilisant des mots de la liste suivante.

connais	la	sais
climat	tropical	plus
y	connaissez	que
savez	très chaud	

PAUL: Bonjour, Monsieur! Puis-je vous aider?

VOUS: Oui, s'il vous plaît. _____[1]-vous un endroit où je pourrais faire de la plongée sous-marine?

PAUL: Quel type de _____[2] préférez-vous? Plutôt sec ou plutôt humide?

VOUS: Oh! _____[3] et humide! Un climat _____[4]. Je _____[5] aussi faire de la planche à voile et j'adore faire des photos!

PAUL: Oh! Alors partez à la Martinique!

VOUS: Ah non! Je _____[6] déjà toutes les plages de cette île! J(e) _____[7] vais tous les ans depuis cinq ans.

PAUL: Bien, je vois. Laissez-moi réfléchir… _____[8]-vous jouer au tennis ou au golf?

VOUS: Au golf, oui. C'est un sport _____[9] relaxant _____[10] le tennis!

PAUL: Je vous téléphone dès que je trouve la destination idéale pour vous!

VOUS: Merci beaucoup et surtout… trouvez-_____[11] vite!

Synthèse: Les vacances de vos rêves.

Vous revenez de vos vacances et vous écrivez un e-mail à Paul pour lui parler de cette expérience. Choisissez vos vacances parmi *(from among)* les options données. Suivez le modèle pour raconter à Paul où vous êtes allé(e) et ce que vous y avez fait. Utilisez **d'abord, puis** et **ensuite**. Expliquez-lui tout ce qu'il faut savoir pour mieux conseiller ses clients. Parlez du pays, du climat, des activités, etc.

- la Côte d'Ivoire (Hôtel Ivoire et Ivoire Golf Club)
- la Martinique (Club Méditerranée de la plage des Cocotiers, tennis)
- Québec (hôtel dans la vieille ville et promenade en bateau sur le Saint-Laurent)
- la Réunion (Club Méditerranée, golf, planche à voile et stage de plongée sous-marine)
- la République démocratique du Congo (safari-photo au Parc National de l'Upemba)

Modèle: *Bonjour, Paul. Je suis de retour de Côte d'Ivoire. Patrick et moi y avons passé deux semaines très agréables. Nous sommes partis de Paris, et nous avons pris l'avion jusqu'à Abidjan, la ville principale de la Côte d'Ivoire. Je ne connaissais pas du tout Abidjan, mais je l'ai trouvée intéressante. Ensuite, nous sommes allés jusqu'à l'Hôtel Ivoire en autocar. Le matin, j'ai fait du ski nautique près d'une plage célèbre. L'après-midi, Patrick et moi avons joué au golf. Il faut absolument jouer au golf à l'Ivoire Golf Club! C'était super! Il faisait chaud, et c'était bien de nager un peu le soir avant le dîner. Nous avons beaucoup mangé! Chaque soir à l'hôtel, il y avait une fête africaine traditionnelle. C'était sympa!*

_____

_____

_____

_____

_____

_____

_____

_____

_____

_____

_____

_____

_____

_____

_____

_____

CULTURE

Lisez les sections **Perspectives culturelles** intitulées **Le monde francophone** à la page 238 et **Portrait d'une femme africaine** à la page 247 de votre manuel et identifiez les termes suivants.

_____ **1.** l'Algérie, le Maroc, la Tunisie

_____ **2.** Assita

_____ **3.** le Sénégal, la Côte d'Ivoire, le Togo

_____ **4.** le Luxembourg, la Suisse, Monaco

_____ **5.** Manégré

_____ **6.** la Louisiane, le Québec, la Nouvelle-Angleterre

_____ **7.** la République démocratique du Congo

_____ **8.** Kaya

_____ **9.** la Martinique, la Guadeloupe, la Réunion

_____ **10.** la Polynésie française, Wallis-et-Futuna, Mayotte

_____ **11.** la Guyane

a. des pays européens francophones

b. une région quasiment désertique au centre nord du Burkina Faso

c. une ancienne colonie belge

d. des DOM

e. une Africaine qui a reçu le Prix Leadership Afrique 1999

f. des TOM

g. un DOM en Amérique du Sud

h. une association féminine de développement en Afrique

i. des anciennes colonies françaises au sud du Sahara

j. des régions francophones en Amérique du Nord

k. le Maghreb

SUR LE VIF!

Parmi les immigrés qu'on trouve en France, un grand nombre sont d'Afrique du Nord. Dans la langue populaire, on appelle les jeunes d'origine maghrébine nés en France «Beurs», un terme qui est basé sur le mot *arabe*. La forme féminine, Beurettes, a été créée pour parler des filles de ces immigrés. Pourquoi ces filles font-elles l'objet de films, de livres et d'articles? Elles se trouvent dans une situation difficile parce qu'elles veulent maintenir les traditions de leurs familles tout en faisant partie de la société moderne française. Lisez ce que trois jeunes Maghrébines en disent et répondez aux questions qui suivent.

Nadia, 21 ans

«On n'aime pas trop utiliser le terme «Beurettes» parce que ça ne dit pas vraiment d'où on vient. Moi, je préfère qu'on dise «la Marocaine», «la Tunisienne» ou «l'Algérienne». Ça décrit mieux notre situation et nos origines parce qu'on vient d'endroits différents, même si on partage des coutumes, des traditions et une religion. On respecte toutes ces choses, bien sûr, mais on est différentes de nos parents. Pour eux, c'est plus difficile. Nous, on est nées ici; on va à l'école ici, alors pour nous, l'intégration, c'est plus facile.»

Naïma, 18 ans

«En tant que Maghrébine, je pense que ce qu'il faut faire, c'est réussir à s'intégrer dans la société où on vit et en même temps, quand on est à la maison, il faut savoir respecter les traditions de nos parents et la religion aussi. Moi, je suis différente à l'école, avec les copains. Je suis «bien intégrée» alors qu'à la maison, mon comportement est plus traditionnel. Je n'aime pas le mot «Beurettes» parce que c'est discriminatoire, c'est péjoratif. »

Zineb, 20 ans

«Moi, je suis d'origine marocaine, mais je suis née ici, alors je me considère comme les autres. Je n'ai pas à prouver que je suis «intégrée». Tout ce que je fais, je le fais pour moi, pas parce que j'ai besoin de faire mieux que mes parents ou que les autres Marocains qui sont ici. Je veux réussir, je veux avoir une vie intéressante, comme tout le monde. J'ai mon identité et ma culture en tant que Marocaine, bien sûr, et ma religion aussi, mais je n'utilise pas le terme «Beurettes» parce que ça nous met à part. C'est négatif.»

---

1. Est-ce que ces trois jeunes femmes sont plutôt en faveur du terme «Beurettes» ou plutôt contre?

   _____

   _____

2. Selon Nadia, qu'est-ce qu'elles ont en commun, les Beurettes? Qu'est-ce qui est différent? Est-ce que Nadia considère cette différence comme quelque chose de négatif?

   _____

   _____

3. Quelle différence y a-t-il entre la vie de Naïma à la maison et sa vie hors de la maison?

_____

_____

4. Est-ce que Zineb est motivée par le désir de faire mieux que ses parents? Est-ce qu'elle est plutôt individualiste ou conformiste? Expliquez.

_____

_____

5. Est-ce que ces trois jeunes femmes maghrébines ont une perspective commune? Quelle conclusion peut-on tirer *(draw)* de leurs commentaires?

_____

_____

La maison et la routine quotidienne

La vie de tous les jours

➲ Voir Structure 10.1 Les verbes pronominaux (introduction)

A. La routine scolaire. Robert et Will sont deux étudiants canadiens qui se connaissent depuis longtemps. Ce sont de très bons amis, mais ils sont aussi très différents. Robert est très travailleur et sérieux, alors que Will est plus sociable et moins discipliné. Complétez leur conversation sur la routine quotidienne à l'université en écrivant les verbes au présent ou à l'infinitif.

WILL: Qu'est-ce qui t'arrive, Robert? Tu as l'air fatigué.

ROBERT: J'en ai marre *(I'm sick)* de ma routine quotidienne. Tous les jours, je _____[1] (se

réveiller), je _____[2] (s'habiller) et je _____[3] (se préparer) pour

mes cours. Après les cours, je fais les devoirs! Je passe l'après-midi et la soirée à la bibliothèque. J'ai vrai-

ment besoin de me changer les idées, mais je dois _____[4] (se concentrer) sur ma

thèse *(thesis).*

WILL: Dis, pourquoi est-ce que tu ne m'accompagnes pas à Toulouse le semestre prochain? Je vais faire un pro-

gramme d'échanges.

ROBERT: Je voudrais bien, mais je dois rester ici pour finir ma thèse.

WILL: Pourquoi? Tu pourrais _____[5] (se servir) du courrier électronique, d'un ordinateur

et de l'Internet à Toulouse.

ROBERT: Ah bon?

WILL: Oui, bien sûr. Voici le scénario: nous _____[6] (se lever) tard, nous allons en classe et

nous travaillons l'après-midi. Le soir, on sort dans les bars et on _____[7] (s'amuser).

On _____[8] (se coucher) vers deux ou trois heures du matin et on recommence le

lendemain.

ROBERT: J'aime bien cette routine!

WILL: Accompagne-moi alors!

ROBERT: Je dois réfléchir, mais je te promets d'y penser sérieusement.

B. La fac de Toulouse. Will essaie toujours de convaincre Robert de l'accompagner en France. Il lui montre une brochure sur la fac de Toulouse dans laquelle on trouve des commentaires sur le programme. Complétez ces commentaires en écrivant les verbes au passé composé.

BIENVENUE À TOULOUSE, LA VILLE ROSE!
DES ÉTUDIANTS DE L'ÉTÉ DERNIER PARLENT DE LEURS EXPÉRIENCES

Béatrice, 22 ans, étudiante en philosophie:

«Une expérience formidable! Je (se servir) _____¹ des ordinateurs de la bibliothèque pour finir ma thèse!»

François, 21 ans, étudiant en chimie:

«J'ai trouvé l'ambiance très sympa! Mes amis et moi avons beaucoup travaillé mais aussi, nous (s'amuser) _____²!»

Amanda et Julie, 21 et 23 ans, étudiantes en physique:

«Nous avons trouvé le parc du campus superbe! Nous (se promener) _____³ tous les jours pour nous détendre!»

Pierre, 22 ans, étudiant en littérature:

«J'ai tellement aimé les cours que je les ai conseillés à mon frère Paul, qui étudie aussi la littérature. Il (se dépêcher) _____⁴ de s'inscrire pour cet été. Faites comme lui!»

Alors, vous aussi, venez étudier à l'université de Toulouse cet été!

La maison, les pièces et les meubles

➲ *Voir Structure 10.2 Les verbes comme* **mettre**

C. Où vivre à Toulouse? Will cherche un appartement à louer à Toulouse. Il trouve ce plan sur l'Internet. Ajoutez les noms des pièces et des meubles qui manquent.

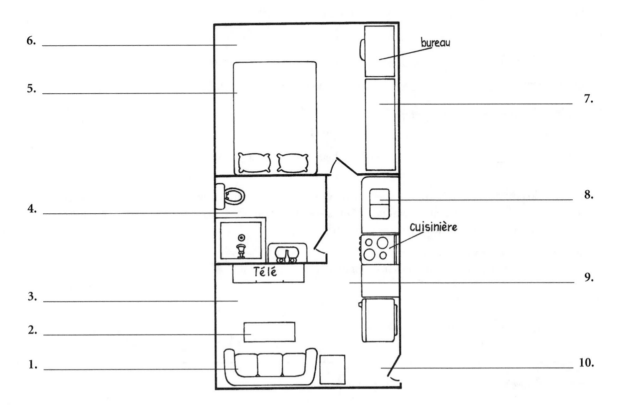

6. _____

5. _____

4. _____

3. _____

2. _____

1. _____

7. _____

8. _____

9. _____

10. _____

bureau

cuisinière

Télé

D. Si on allait à Toulouse. Will montre le plan de l'appartement à Robert et lui parle de comment ils pourraient y installer leurs affaires. Complétez leur conversation avec la forme appropriée du verbe **mettre** ou **promettre**.

ROBERT: Où _____[1]-nous nos vélos?

WILL: Il y a un garage donc il n'y a pas de problème.

ROBERT: On _____[2] la télé dans le salon?

WILL: Ou dans la chambre. J'aimerais mieux _____[3] la chaîne dans le salon.

ROBERT: Bon, d'accord, mais il me faut un bureau.

WILL: Tu le _____[4] à côté du sofa. Et moi, j'ai cette lampe que ma grand-mère m'a

donné…

ROBERT: Si tu _____[5] de ne pas garder cette vieille lampe, j'achèterai *(will buy)* une nouvelle

lampe plus moderne.

WILL: D'accord. Je te le _____[6].

Les tâches domestiques

➲ Voir Structure 10.3 L'impératif (suite)

E. Enfin à Toulouse. Will commence ses cours à l'université de Toulouse. Son professeur donne des conseils aux étudiants. Complétez les ordres avec les éléments donnés entre parenthèses.

1. (lire) «_____ le premier texte pour la prochaine fois.»

2. (faire) «_____ attention aux personnages et aux symboles.»

3. (ne pas oublier) «_____ de préparer les questions de compréhension.»

4. (me donner) «_____ vos devoirs au commencement de la classe.»

5. (prendre) «_____ beaucoup de notes en classe.»

6. (ne pas s'endormir) «_____ en classe.»

7. (se lever) «_____ de bonne heure pour ne pas arriver en retard.»

F. Une nouvelle petite amie. Will commence à sortir avec Estella, une étudiante espagnole. Elle s'impatiente un peu avec lui à cause de ses mauvaises habitudes. Qu'est-ce qu'elle lui dit? Elle ne veut pas avoir l'air *(to seem)* trop exigeante, donc elle adoucit *(softens)* parfois ses ordres.

> **Modèle:** Il ne range pas son appartement.
> *Range un peu ton appartement. Il est dégoûtant* (disgusting)*!*
> OU
> *Will, veux-tu ranger ton appart? Il est dégoûtant!*

1. Il se lève assez tard le matin.

_____

2. La cuisine chez Will et Robert est toujours en désordre.

_____

3. La barbe *(beard)* que Will se laisse pousser la gratte *(scratches)*.

_____

4. Le soir, Will s'endort parfois devant la télé.

_____

5. Elle aimerait sortir plus souvent le week-end. *(Hint:* Utilisez la forme **nous** de l'impératif.)

_____

G. Questions personnelles. Répondez aux questions suivantes avec des phrases complètes.

1. Qui s'occupe de la maison chez vous? Qu'est-ce qu'il ou elle fait?

_____

_____

2. Quelle tâche domestique est-ce que vous détestez le plus?

_____

_____

3. Est-ce que vous vous mettez en colère quand votre camarade de chambre ne vous aide pas avec les tâches ménagères? Qu'est-ce que vous lui dites?

_____

_____

Comment trouver le mot juste

H. Qu'est-ce qu'on dit? Will et Robert aide Estella à apprendre ce qu'on dit en français dans les situations suivantes. Écrivez ce qu'ils lui expliquent.

1. Si ton ami(e) est fatigué(e) après une semaine difficile, tu lui dis: _____!

2. Quand quelqu'un a un rhume *(cold)*, tu lui dis: _____!

3. Si un ami fête son anniversaire, tu lui dis: _____!

4. Quand quelqu'un va sortir en boîte, tu lui dis: _____!

5. Si tes amis vont passer un examen, tu leur dis: _____!

6. Si ton petit frère va dormir, tu lui dis: _____!

7. Quand quelqu'un commence un repas, tu lui dis: _____!

8. Si ton amie réussit à un examen, tu lui dis: _____!

Comment se plaindre

➲ Voir Structure 10.4 Les expressions négatives

I. Un conflit inévitable. Will et Robert n'arrêtent pas de se disputer au sujet des tâches domestiques. Complétez leur argument en utilisant des expressions négatives de la liste.

ne... que	rien ne
ne... jamais	ne... plus
ne... ni... ni	

ROBERT: Écoute, j'en ai marre! C'est toujours moi qui passe l'aspirateur!

WILL: Et alors? Toi, tu _____[1] fais _____[2] la cuisine! Et maintenant,

tu _____[3] fais même _____[4] les courses! C'est moi qui dois

tout faire.

ROBERT: Ah oui? Et qui est-ce qui fait la vaisselle tous les jours, hein? Qui?

WILL: Oh! Ça va! Tu _____[5] fais _____[6] ça. Alors s'il te plaît, ne te

vante pas trop *(don't brag too much)*!

ROBERT: _____[7] va dans cette maison! J'en ai assez! Je _____[8] ai

_____[9] la patience _____[10] le courage de supporter ça!

WILL: Alors passe l'aspirateur, ça va te relaxer et on parlera après!

Synthèse: Ça ne va pas.

Même à Toulouse, Robert n'a pas pu échapper au stress de la vie d'étudiant. Il écrit une lettre à un ami au Canada et il se plaint *(complains)* de sa routine quotidienne, de son camarade de chambre, de la division des tâches domestiques, et même de son appartement. Et vous, de quoi vous plaignez-vous? Lisez la lettre de Robert, et ensuite, écrivez une lettre à un(e) de vos ami(e)s dans laquelle vous exprimez vos propres problèmes.

Modèle: *Cher Rafaël,*

Me voici en France – à Toulouse avec Will. Il fait très beau ici mais malheureusement ça c'est la seule chose qui va bien. Je voulais échapper au stress de ma vie au Canada, mais je travaille aussi dur ici que chez moi. Je me lève tôt le matin et je me couche très tard – je passe tout mon temps à la bibliothèque à travailler sur ma thèse. Tu ne peux pas t'imaginer! Je ne fais qu'étudier! Et pendant le peu de temps que j'ai à la maison, je m'occupe de notre appartement. C'est un petit appartement qui n'a qu'une chambre. Moi, je dors dans la salle de séjour sur le canapé-lit. Ce n'est pas très confortable et c'est peu lumineux – tu sais que je déteste habiter dans un endroit où il y a peu de lumière. De toute façon, moi, je fais de mon mieux (I do my best) pour le nettoyage (cleaning). Je passe l'aspirateur, je range nos affaires, je lave les vêtements, je fais les courses, je fais la cuisine – Will ne fait rien! Il veut tout le temps s'amuser (tu le connais, n'est-ce pas?) et il sort souvent avec sa petite amie. Moi, je ne sors jamais. Je ne pensais pas que j'allais vivre comme ça en France. J'en ai marre! Peux-tu m'écrire pour me remonter le moral (to cheer me up)?

_____

_____

_____

_____

_____

_____

_____

_____

_____

_____

_____

CULTURE

Relisez **Les habitations françaises** aux pages 277–278 de votre manuel et choisissez la bonne réponse.

1. Une des raisons principales pour habiter la proche banlieue au lieu d'habiter Paris est que (qu')…
   a. les loyers sont moins chers.
   b. c'est moins dangereux.
   c. il y a plus d'animation.

2. Dans les «villes nouvelles», on trouve souvent beaucoup de…
   a. petites boutiques intéressantes.
   b. théâtres et de musées.
   c. pavillons «tout confort».

3. Un «mas» est une…
   a. forme de transport.
   b. maison provençale typique.
   c. habitation modeste dans la banlieue parisienne.

Module 11

Voyager en France

Paris, j'aime!

⮕ Voir Structure 11.1 Le futur

A. Quel cadeau! Claire vient de recevoir son diplôme. Comme cadeau, ses parents lui ont offert un voyage en France pour deux personnes. Claire veut inviter sa copine Linda à l'accompagner. Complétez le message suivant de Claire en mettant les verbes entre parenthèses au futur.

Chère Linda,

Devine ce qui m'arrive! Mes parents viennent de m'offrir un voyage en France pour deux personnes et j'ai aussitôt pensé à toi! J'espère que tu seras prête à prendre l'avion dans trois semaines!

Imagine un peu... À Paris, nous (se promener) _____¹ sur les Champs-Élysées! Ensuite, avant de visiter le Louvre, nous (aller) _____² prendre un chocolat chez Angelina. Après avoir regardé la *Joconde,* on (visiter) _____³ le musée Picasso dans le Marais.

J'ai déjà téléphoné à mon amie Catherine qui habite à Paris et elle nous (préparer) _____⁴ un dîner formidable comme elle seule sait le faire! Après, ce (être) _____⁵ le moment parfait pour aller au cinéma. Il y (avoir) _____⁶ sûrement des films super que nous n'avons pas vus! Ensuite, nous _____⁷ (partir) en province.

Alors? Qu'est-ce que tu en dis? Accepte... je ne (pouvoir) _____⁸ pas partir sans toi!

Grosses bises et appelle-moi vite!

B. Ça y est! On part! Linda et Claire savent qu'il faut toujours penser à d'autres possibilités au cas où on rencontrerait des problèmes lors d'un voyage. Complétez leur conversation.

Modèles: Si nous perdons nos chèques de voyage, *nous utiliserons notre carte de crédit.*
Si les restaurants sont trop chers, nous mangerons dans les cafés.

CLAIRE: Si le musée du Louvre est fermé pour travaux *(repairs),* _____
_____1.

LINDA: _____², nous demanderons des renseignements
au guichet d'information *(information booth).*

CLAIRE: Si les transports en commun sont en grève *(strike),* _____
_____3.

LINDA: _____[4], nous irons nous promener au jardin

du Luxembourg.

CLAIRE: Si j'ai assez d'argent, _____[5].

LINDA: Si nous ratons (miss) l'avion pour revenir aux États-Unis, _____

_____[6].

C. En route pour Paris. Imaginez que vous êtes Claire et que vous êtes maintenant dans l'avion en direction de la capitale française. Vous discutez de ce que vous ferez à Paris avec Linda. Complétez la conversation en mettant les verbes entre parenthèses au présent ou au futur.

CLAIRE: Quand nous (arriver) _____[1] à Paris, j(e) (acheter) _____[2]

tout de suite un croissant et un pain au chocolat!

LINDA: Oh là là! Tu ne penses qu'à manger! Moi, je (lire) _____[3] *L'Officiel des spectacles*

pour savoir quel film nous (aller) _____[4] voir si jamais il (pleuvoir)

_____[5]!

CLAIRE: Bonne idée. Et si tu (ne pas trouver) _____[6] de bon film, nous (pouvoir)

_____[7] toujours aller visiter un de ces formidables musées parisiens!

LINDA: Oui, mais je te préviens… pas plus d'un musée par jour! De toute façon, quand tu (voir)

_____[8] combien l'architecture à Paris est belle, tu (ne pas avoir)

_____[9] envie (the desire) d'aller t'enfermer dans un musée!

CLAIRE: Nous (voir) _____[10] quand nous (être) _____[11] là-bas!

Comment se repérer en ville

D. À Paris! Une fois à Paris, Linda et Claire se promènent sans arrêt! Les touristes pensent qu'elles sont françaises, alors ils leur demandent des renseignements. Maintenant, un Allemand leur demande comment aller du parc des Batignolles au parc Monceau. Complétez leurs explications en employant les mots de la liste.

tourner	droit	traverser
à	prendre	sur
jusqu'à	continuer	

«D'abord, quand vous sortez du parc des Batignolles, vous tournez _____[1] droite et vous

_____[2] la rue Legendre. Ensuite, vous allez _____[3] la rue de Rome.

Arrivé là, vous _____[4] à gauche. Vous continuez tout _____[5] jusqu'au

boulevard des Batignolles. Vous _____[6] le boulevard et vous tournez à droite. Ensuite, vous

_____[7] jusqu'au parc Monceau qui se trouvera _____[8] votre gauche.»

Voyager pas cher

➲ Voir Structure 11.2 **Avoir besoin de** et les mots interrogatifs (suite)

E. De quoi auront-elles besoin? Linda et Claire font une liste de ce dont elles auront besoin pour leur voyage. Choisissez la réponse appropriée.

1. Pour payer moins cher le métro pendant leurs cinq jours à Paris, elles auront besoin…
   a. d'une carte Orange.
   b. d'une carte *Paris Visite.*
   c. de carte *Paris Visite.*

2. Elles veulent voyager dans d'autres pays européens après avoir vu la France. Alors, elles auront besoin…
   a. d'un Eurailpass.
   b. d'Eurailpass.
   c. d'une carte Inter-Rail.

3. Elles pensent visiter les châteaux de la Loire en vélo. Alors, elles auront besoin…
   a. d'un loyer de vélo à Blois dans la Vallée de la Loire.
   b. louer des vélos à Blois dans la Vallée de la Loire.
   c. de louer des vélos à Blois dans la Vallée de la Loire.

4. Si les deux filles veulent voir les feux d'artifice *(fireworks)* lors de la fête du 14 juillet, elles auront besoin de beaucoup de _____, car il faut attendre des heures parmi la foule avant que cela ne commence.
   a. sympathique
   b. patience
   c. la patience

5. Elles pensent aller au Mont-Saint-Michel pendant la saison touristique. Alors, elles auront besoin…
   a. de réservations d'hôtel.
   b. d'hôtel.
   c. des réservations d'hôtel.

F. Pendant le vol… Pendant le vol pour Paris, un groupe d'étudiants québécois découvre que Linda connaît la France. Alors, ils lui posent beaucoup de questions. Complétez leurs questions avec la structure interrogative appropriée.

JACQUES: Nous pensons rester dans des auberges de jeunesse. _____[1] est-ce que j'aurai besoin pour réserver une chambre?

LINDA: Vous aurez besoin d'une carte de la Fédération unie des auberges de jeunesse.

MARIE: J'ai peur des pickpockets. _____[2] est-ce que je devrai parler si mon argent est volé *(stolen)*?

LINDA: Vous devrez vous adresser au commissariat de police le plus proche.

JEAN-LUC: _____[3] est-ce que je peux trouver une carte ou un plan de Paris?

LINDA: On vend des cartes dans les kiosques qui se trouvent partout.

JACQUES: _____[4] sont les Parisiens? On me dit qu'ils sont snobs!

LINDA: Mais non! Je les trouve agréables. Peut-être un peu pressés comme les New Yorkais.

MARIE: _____[5] est-ce que les banques ferment? Je n'ai pas d'euros.

LINDA: Je crois qu'elles ferment vers 18 heures. Mais vous pouvez utiliser un distributeur automatique *(ATM).*

JEAN-LUC: _____[6] est-ce que nous aurons besoin pour payer moins cher dans les musées et pour les productions culturelles?

LINDA: Vous aurez besoin d'une carte d'étudiant.

Comment réserver une chambre d'hôtel

G. Une excursion imprévue! Les deux copines ont décidé de passer trois jours dans le sud de la France. Elles désirent loger dans un hôtel à la plage. En utilisant son ordinateur portable, Claire écrit un message électronique à un hôtel qui se trouve à Palavas-les-Flots pour réserver une chambre. Lisez les informations suivantes sur l'hôtel et terminez le message de Claire en faisant une réservation.

> ### Hôtel de France
> #### 6, boulevard des Pins
> #### Palavas-les-Flots
>
> - Chambre double: 60€ (salle de bains à l'étage)
> - Chambre double avec salle de bains et vue sur mer: 85€; avec balcon: 94€
> - Chambre simple: 55€; avec salle de bains: 65€
> - Chambre simple avec salle de bains et vue sur la mer: 75€; avec coin cuisine: 80€
> - Petit déjeuner non compris, dans le restaurant: 10€ (servi de 6h30 à 9h30) dans la chambre: 15€ (servi de 6h30 à 11h30)

Monsieur,

Je vous écris pour réserver… _____

_____

_____

_____

_____

Merci de votre attention.

En attendant votre réponse, acceptez, Monsieur, mes sentiments les meilleurs.

La France et ses régions

➲ Voir Structure 11.3 L'accord du participe passé avec l'auxiliaire **avoir**

H. Une aventure sur une rivière. Linda et Claire ont des amis qui habitent à Marseille. Linda vient de recevoir une carte postale d'un de ces amis, Jean-Louis. Elle lit la carte postale, dans laquelle Jean-Louis parle d'une aventure récente à Claire. Complétez la carte postale suivante en faisant l'accord du participe passé si c'est nécessaire. Pour vous aider, soulignez l'objet direct avec lequel vous faites l'accord.

Modèle: C'est <u>une ville</u> que nous avons visité*e*.

Chère Linda,

Je viens de descendre la rivière qui coule au fond des splendides gorges entre Nîmes et Avignon. Je l'ai descendu_____[1] en canoë-kayak et, crois-moi, c'est une expérience très physique! J'étais avec un groupe de gens formidables et je les ai trouvé_____[2] tous très sympathiques, excepté peut-être un étudiant en médecine qui n'a pas arrêté_____[3] de se plaindre! Remarque, parfois il avait raison car je n'ai pas eu_____[4] mal au dos comme ça depuis bien longtemps. C'est une promenade très agréable mais nous l'avons fait_____[5] très vite et nous avons dû_____[6] beaucoup ramer *(to row)*. Enfin, nous sommes arrivé_____[7] à notre but, le pont du Gard, et c'était magnifique!

Si tu as l'occasion quand tu viendras en France, n'hésite pas, fais-le!

L'identité française

⮕ Voir Structure 11.4 Les verbes **croire** et **voir**

I. Les stéréotypes culturels. Complétez la conversation suivante entre Linda et sa copine française, Catherine, en conjuguant les verbes **croire** et **voir** au présent.

LINDA: Dis-moi, Catherine, est-ce que tu (croire) _____[1] que la culture française est

très influencée par les États-Unis?

CATHERINE: Sous certains angles, je (croire) _____[2] que oui. Tu (voir)

_____[3], beaucoup de Français (croire) _____[4] souvent que

tout ce qui vient des États-Unis est meilleur.

LINDA: Oh! Ne (croire) _____[5] pas que ce genre de comportement est exclusivement

français. Aux États-Unis, beaucoup de gens (voir) _____[6] la France comme le

paradis de l'élégance et de la gastronomie! Et nous (voir) _____[7] bien que ce

n'est pas forcément vrai. Les stéréotypes, ça ne marche pas toujours!

CATHERINE: Oh! Ça, je suis bien d'accord. Mais hélas, nous (croire) _____[8] plus facilement

aux affirmations simples qu'à celles qui reflètent la complexité de la réalité!

Synthèse: Une proposition de voyage!

Des copains français de Claire et Linda les encouragent à quitter Paris pendant quelques jours et à les accompagner pour une visite d'une de leurs régions favorites. Ils leur proposent une visite de quelques jours dans une des régions suivantes: la Vallée de la Loire, le Périgord, la Côte d'Azur, la Provence ou la Bretagne. Ils leur écrivent un e-mail qui explique où ils logeront, le temps qu'il fera, leur moyen de transport et quelques activités qu'ils feront ensemble. Utilisez un moteur de recherche comme Google pour trouver des informations spécifiques sur la région de votre choix.

Modèle: *Salut, Claire et Linda,*
Je sais que vous vous amusez bien à Paris. Mais Paris n'est pas toute la France! Nous vous proposons un petit voyage de quelques jours en _____ (région). Ce ne sera pas trop cher. Nous pourrons…

_____
_____
_____
_____
_____
_____
_____
_____
_____
_____

CULTURE

Relisez le **Bulletin** à la page 300 de votre manuel, **La France et ses régions** à la page 313, et **La culture française face à l'Amérique** à la page 317. Indiquez si les affirmations suivantes sont vraies ou fausses.

1. Paris a moins de prestige que les autres capitales européennes.   **vrai**   **faux**

2. Paris a plus d'importance que toutes les autres villes françaises car la France est un pays très centralisé.   **vrai**   **faux**

3. Les Français ont beaucoup de respect pour le passé et la tradition. Alors, on voit peu d'exemples d'architecture moderne à Paris.   **vrai**   **faux**

4. La ville d'Avignon est connue pour son festival du film pendant l'été.   **vrai**   **faux**

5. En Alsace-Lorraine, on voit une forte influence allemande.   **vrai**   **faux**

6. On appelle «franglais» les Français nés aux États-Unis.   **vrai**   **faux**

7. Certains Français ont peur d'une invasion de la culture américaine en France.   **vrai**   **faux**

Module 12

Les jeunes et la globalisation

Les jeunes et la consommation

➲ Voir Structure 12.1 Les verbes comme **payer**

A. Argent et dépenses. Lisez les remarques des jeunes Français interviewés à propos de l'argent. Puis, répondez aux questions.

Micro Trottoir

Alex, 21 ans

«L'argent, ça me rassure *(reassures)*. J'essaie d'en avoir suffisamment pour vivre correctement, mais c'est tout. Je suis plutôt économe *(thrifty)*.»

Faroud, 22 ans

«Depuis que je travaille, j'essaie de mettre un peu d'argent de côté *(put aside)* pour ma mère tous les mois. Je suis indépendant. Alors, je dois payer mon logement, mon transport, mes repas et les autres essentiels. Je suis plutôt économe.»

Mariam, 18 ans

«Moi, je suis dépensière *(spendthrift)* et l'argent, je m'en sers. Je vais beaucoup au cinéma, j'achète des bouquins, des CD, des cassettes vidéo. Des fringues *(clothes)* aussi. Mes parents paient mon téléphone portable et mon abonnement *(subscription)* à Internet. Je viens de m'acheter un PC avec lecteur de DVD.»

Anouk, 20 ans

«Moi, je vis chez mes parents, mais je gagne de l'argent en donnant des cours particuliers *(tutoring)*. Ça me paie mes sorties avec les copains (resto, cinés, concerts, plus les DVD, CD et console de jeu). Ma mère prend en charge l'indispensable.»

---

1. Est-ce qu'Alex est un grand consommateur? Quelle est son attitude envers l'argent?

   _____

   _____

2. Est-ce que Faroud dépense tout son argent uniquement pour lui-même? À qui est-ce qu'il donne de l'argent? Pourquoi n'a-t-il pas beaucoup d'argent à dépenser?

   _____

   _____

3. Qu'est-ce que les parents de Mariam paient pour elle? Est-ce que vous la trouvez trop dépensière?

   _____

   _____

4. Est-ce que vous devez gagner votre propre argent ou est-ce que vos parents vous en donne?

_____

_____

_____

_____

B. Votre profil ici! Maintenant écrivez votre propre profil en suivant les profils ci-dessus *(above)* (3 phrases).

_____

_____

_____

_____

_____

C. Un cadeau. Anouk et Mariam se rappellent que leur ami canadien, Trevor, aura 21 ans la semaine prochaine. Elles veulent lui acheter un cadeau et le lui envoyer à Montréal. Aidez-les à résoudre le problème du cadeau en complétant le dialogue avec la forme correcte des verbes entre parenthèses.

ANOUK: Tu sais, Trevor va avoir 21 ans la semaine prochaine. (Essayer / nous) _____[1] de

lui acheter un beau cadeau.

MARIAM: C'est une super bonne idée. Euh… Eh bien, (envoyer / nous) _____[2]-lui des

lunettes de soleil Ray-Ban.

ANOUK: Génial! Tu crois qu'ils (envoyer) _____[3] ce genre de choses des Galeries Lafayette?

MARIAM: Bien sûr. Et si on commande et (payer) _____[4] par Internet, on n'aura même pas

besoin d'y aller.

ANOUK: Tu sais, ça m'(ennuyer) _____[5] un peu de donner un numéro de carte de crédit

par téléphone.

MARIAM: Mais tu (employer) _____[6] ta carte bleue quand tu réserves une chambre d'hôtel

par téléphone. Si nous (payer) _____[7] par carte, ce sera plus rapide et le cadeau

arrivera à Montréal à temps.

ANOUK: Ok! (Payer / nous) _____[8] par carte!

Comment «parler jeune»

D. Que faire? Alex et Michel, des copains d'Anouk et Mariam, parlent de ce qu'ils vont faire ce soir. Complétez leur conversation avec des expressions de jugement. Remplacez les mots entre parenthèses par un mot plus familier. (Aidez-vous du vocabulaire et des expressions utiles à la page 334 de votre manuel.)

ALEX: Dis, Michel. Tu veux aller au _____[1] (restaurant)?

MICHEL: Non, j'ai pas d(e) _____[2] (argent). Mangeons plutôt ici.

ALEX: Qu'est-ce que tu as dans le _____[3] (réfrigérateur)?

MICHEL: J'sais pas. Voyons voir… *(ouvrant le réfrigérateur)*

ALEX: Mais il n'y a pas de _____[4] (nourriture) ici!

MICHEL: Mais si! Tu exagères! On peut faire des sandwiches.

ALEX: D'accord. Mais j'veux pas rester à _____[5] (l'appartement) ce soir. On mange, et puis on va au _____[6] (cinéma). Ça te dit d'aller voir *L'Auberge espagnole*?

MICHEL: Ouais… pourquoi pas? Élise l'a vu. Elle a dit que c'était _____[7] (bien).

ALEX: Bon d'accord. Mais il faut prendre le métro. Ma _____[8] (voiture) est en panne.

MICHEL: Pas de problème pour le métro si on ne va pas en boîte.

ALEX: Moi, les clubs, je m'en fiche. J'ai pas les _____[9] (vêtements) pour ça. Après le film, allons retrouver les potes *(buddies)* au «Violon dingue».

ALEX: D'accord. C'est _____[10] (bien) comme bar. Tu connais l(e) _____[11] (homme) qui travaille là comme barman? Il est très _____[12] (amusant).

La mode-tendances

➲ Voir Structure 12.2 **Lequel** et les adjectifs démonstratifs **ce, cet, cette** et **ces**

E. Faire du lèche-vitrines. Alex et Michel font du lèche-vitrines *(window shopping)* avec Mariam et Annie. Les jeunes filles s'intéressent aux magasins de mode, tandis que les garçons aiment regarder les gadgets éléctroniques. Que faire? Suivez le modèle.

> Modèle: ANNIE: Regarde *cette* chemise!
> MARIAM: *Laquelle?*
> ANNIE: *Cette* chemise-*là* aux manches courtes en solde à 38 euros.

MARIAM: Elle est pas mal. Mais je préfère _____[1] chemise-_____[2], en bleu. J'aime aussi ce pantalon.

ANNIE: _____[3]?

MARIAM: _____[4] pantalon-_____[5], le corsaire *(pedal pushers)* en denim. Qu'est-ce que tu en penses, Michel?

MICHEL: Moi, la mode, ça ne m'intéresse pas tellement. Mais regarde _____[6] lecteurs DVD!

ALEX: _____[7]?

MICHEL: _____[8] lecteurs-_____[9] dans la vitrine à côté.

ALEX: Cool! Les filles, vous pouvez aller dans _____[10] boutique-

_____[11]. Nous allons passer une demi-heure dans _____[12]

magasin d'électronique. Amusez-vous bien! À tout à l'heure!

Comment faire les achats

➲ Voir Structure 12.3 L'ordre des pronoms

F. Qu'est-ce qu'on va porter au club? Une semaine plus tard, Alex et Michel veulent sortir en boîte. Le problème… Alex n'a rien à porter et les deux ont peur que les videurs *(bouncers)* ne les laissent pas entrer. Complétez leur dialogue en utilisant des pronoms d'objet direct, indirect, **y** ou **en.**

MICHEL: Mariam, Anouk et les autres vont au «Vampire» ce soir. Tu veux y aller?

ALEX: Bon, ben oui. Mais j'ai rien à mettre.

MICHEL: Mais si! Il n'y a pas quelque chose <u>dans ton sac à dos</u> là-bas?

ALEX: Non, il n' _____[1] a rien! Tu n'as pas de veste ou de chemise à me prêter?

MICHEL: *(Regardant dans son armoire.)* Voici <u>ma chemise verte disco et ma veste marron</u>. Tiens *(Here),* je

_____[2] prête.

ALEX: Mais non, mon vieux! Je refuse de porter cette chemise. Elle est moche! La couleur est vilaine *(hideous)*!

Tu n'as pas <u>de chemise d'une autre couleur</u>?

MICHEL: J'_____[3] ai une en blanc. _____[4] voici. Qu'est-ce que tu

_____[5] penses?

ALEX: Pas mal. Je peux _____[6] emprunter *(to borrow)*?

MICHEL: Oui, je _____[7] prête à condition que tu me passes <u>ton nouveau CD des Red Hot</u>.

ALEX: Impossible! Tu connais <u>Stéphane</u>? Je _____[8] ai déjà prêté. Mais aussitôt qu'il

_____[9] rend je _____[10] passe. Ça va?

MICHEL: D'accord, ça va.

G. Le blouson en cuir *(leather).* Anouk veut s'acheter un des blousons en cuir extraordinaires qu'elle a trouvés dans cette boutique. Complétez son dialogue avec la vendeuse.

VENDEUSE: Bonjour. _____[1] vous aider?

ANOUK: Oui. Je _____[2] un blouson en cuir.

VENDEUSE: Quelle _____[3] faites-vous?

ANOUK: _____[4], mais j'aimerais qu'il soit bien large, c'est plus

_____[5].

VENDEUSE: J'ai ce qu'il vous faut! Regardez ce modèle en _____[6]! La

_____[7] est superbe!

ANOUK: Hum… Oui, vraiment, il est très joli. Je peux l'_____[8]?

VENDEUSE: Mais bien sûr! Voilà la _____[9].

ANOUK: Attendez… *(Elle regarde l'étiquette* [tag].*)* Il _____[10] 359 euros?!

VENDEUSE: Non! Non! Non! Il est en _____ [11] aujourd'hui à 280 euros. C'est une très

bonne _____ [12]!

ANOUK: Sans aucun doute, mais de toute façon, c'est beaucoup trop _____ [13] pour

moi!

Des programmes d'échanges

➡ Voir Structure 12.4 Les pronoms relatifs **ce qui** et **ce que**

H. Anticipation du bac. Deux lycéens français, Jean et Patrick, parlent nerveusement de l'examen qu'ils doivent passer dans trois jours, le bac. Complétez leur conversation en utilisant le pronom approprié: **ce qui** ou **ce que**.

JEAN: _____ [1] me fait peur, c'est l'idée de ne pas pouvoir finir à temps.

PATRICK: Moi aussi. Mais, _____ [2] me rassure, c'est que Marc a pu terminer sans problème.

JEAN: Ah bon? Tu sais _____ [3] j'aimerais faire après l'examen? Je veux partir en Italie. J'ai

envie d'explorer quelque coin perdu de la Toscane. On pourrait partir après l'examen…

PATRICK: En attendant les résultats?

JEAN: Oui, c'est _____ [4] je pensais.

PATRICK: Génial! _____ [5] me préoccupe un peu, pourtant *(however)*, c'est que j'avais promis

à Ghislaine de partir en Provence avec elle.

JEAN: Eh ben, invite-la! On s'amusera tous les trois à goûter les spécialités gastronomiques de la région!

PATRICK: Impeccable!

Synthèse: La globalisation.

L'expression «la globalisation» fait référence au fait que le monde devient de plus en plus intégré. Ça se remarque surtout chez les jeunes car ils ont beaucoup en commun au niveau de la mode, de la nourriture, de la musique, du cinéma, de leurs attitudes envers l'argent, des relations et de l'éducation entre autres. Donnez des exemples de points communs entre les jeunes en France et aux États-Unis ou dans d'autres pays du monde. Donnez autant de détails que possible. Commencez quelques phrases par **ce qui** et **ce que**.

Modèles: *Ce que je remarque/observe/pense, c'est que les jeunes…*
          Ce qui m'intrigue/me frappe, c'est qu'ils aiment tous les mêmes…

_____

_____

_____

_____

_____

_____

_____

_____

_____

_____

_____

_____

_____

_____

_____

_____

_____

CULTURE

Relisez le **Bulletin** à la page 332, **Les Français et l'argent** aux pages 335–336, **La culture hip-hop incontournable en France** à la page 338 et **La sélection et la chasse aux concours** à la page 346 pour répondre aux questions suivantes.

1. Les jeunes Français de 15–35 ans s'identifient en tant qu'Européens.   **vrai**   **faux**

2. Les jeunes Français ne consomment pas beaucoup.   **vrai**   **faux**

3. Les Français ont moins tendance à s'endetter *(become indebted)* que les Américains.   **vrai**   **faux**

4. Le hip-hop, inspiré par la musique noire américaine, prend une forme unique en France.   **vrai**   **faux**

5. En France, les étudiants au lycée doivent choisir une spécialisation.   **vrai**   **faux**

6. Pour faire des études universitaires, il faut avoir son bac.   **vrai**   **faux**

Module 13

La santé et le bonheur

Les parties du corps

A. Un médecin extraordinaire. Charles Chartier est docteur et professeur de médecine à la faculté de Montpellier. Parfois, il visite des écoles primaires locales pour donner de petites leçons d'anatomie aux élèves. Aidez les élèves à identifier les différentes parties du corps.

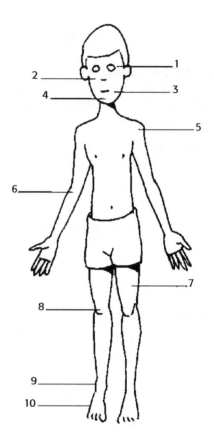

1. _____

2. _____

3. _____

4. _____

5. _____

6. _____

7. _____

8. _____

9. _____

10. _____

Les maladies et les remèdes

B. À la faculté de Montpellier. Dans un de ses cours à l'université, Charles enseigne aux étudiants à donner des conseils généraux. Jouez le rôle d'un(e) de ses étudiant(e)s en écrivant un conseil pour chaque exemple de problème médical. Suivez le modèle.

> **Modèle:** CHARLES: Madame Charrière s'est enrhumée en se promenant sous la pluie.
> VOUS: *Je lui conseille de ne pas sortir de la maison pendant deux jours, de prendre de l'aspirine et de beaucoup boire.*

prendre des antibiotiques, des vitamines et de l'aspirine　　**aller chez le médecin (chez le dentiste)**
utiliser un pansement (des béquilles)　　　　　　　　　　　**se reposer**
beaucoup boire　　　　　　　　　　　　　　　　　　　　　　**se faire faire une piqûre**

CHARLES: Monsieur Legrand a une dent *(tooth)* qui lui fait mal.

VOUS: _____ 1

CHARLES: Madame Lemartret a une infection à la gorge.

VOUS: _____ 2

CHARLES: Mademoiselle Martin s'est foulé la cheville.

VOUS: _____ ^3

CHARLES: Monsieur Calogirou a la grippe.

VOUS: _____ ^4

Charles: Madame Miller s'est coupé le doigt en faisant du jardinage.

VOUS: _____ ^5

⮕ Voir Structure 13.1 Expressions idiomatiques avec **avoir** (récapitulation)

C. Au cabinet de Charles. Quand il n'enseigne pas, Charles reçoit des patients dans son cabinet de médecin au centre-ville. Aujourd'hui, il voit des malades avec des problèmes divers. Lisez la description de ce que chaque patient(e) a fait hier et utilisez une expression avec **avoir** de la liste pour décrire sa condition aujourd'hui.

avoir tort	**avoir sommeil**	**avoir mauvaise mine**	**avoir mal à l'estomac**
avoir du mal à se concentrer	**avoir mal à la tête**		

1. Léon et Rodolphe ont bu quinze bières hier soir. Aujourd'hui, ils _____

_____ .

2. La petite Emma a mangé trop de gâteau et de bonbons à sa fête. Maintenant, elle _____

_____ .

3. Thérèse et Félicité ont bu du café hier soir et elles n'ont pas bien dormi. Aujourd'hui, elles _____

_____ .

4. Brian pense qu'il peut boire des boissons alcoolisées pendant qu'il prend des antibiotiques. Il _____

_____ .

5. Hier, Marie n'a rien mangé parce qu'elle veut maigrir. Maintenant, elle _____

_____ .

Comment parler au médecin

⮕ Voir Structure 13.2 L'emploi de **depuis**

D. Tatie Jeanne. La tante de Charles est en très bonne santé pour son âge. Elle a 66 ans, mais elle est très active et sportive. C'est pourquoi ses symptômes récents de rhume surprennent Charles! Elle vient dans son cabinet pour lui demander conseil et il essaie de l'aider. Complétez leur conversation en utilisant **depuis, depuis que, depuis quand** et **depuis combien de temps.**

CHARLES: _____ ^1 as-tu les oreilles bouchées?

TATIE JEANNE: Je n'entends pas bien _____ ^2 notre descente de la station de ski il y a deux

jours.

CHARLES: As-tu toujours de l'appétit?

TATIE JEANNE: Non. _____ ^3 j'ai mangé des escargots au restaurant hier soir, je n'ai plus envie

de manger.

Charles:	Et _____ ⁴ as-tu du mal à avaler?
Tatie Jeanne:	J'ai mal à la gorge _____ ⁵ deux jours.
Charles:	Et _____ ⁶ as-tu le nez qui coule?
Tatie Jeanne:	Ah, il coule _____ ⁷ j'ai fait de la luge *(tobogganing)* avec mes petits-enfants.
Charles:	Mais _____ ⁸ fais-tu de la luge, Tatie?
Tatie Jeanne:	_____ ⁹ mes petits-enfants ont commencé à en faire! Ils m'ont invitée et je ne pouvais pas les décevoir *(to disappoint)*!
Charles:	Tatie, ton problème est que tu es trop gentille! Je te défends de refaire de la luge, c'est compris?
Tatie Jeanne:	Oui, mon garçon. Mais ne voulais-tu pas aller au ski le week-end prochain?
Charles:	Tatie!

E. Questions personnelles. Répondez aux questions suivantes.

1. Quelle est votre idée personnelle du bonheur? Est-ce l'argent? une belle carrière? des enfants? des voyages? Est-ce qu'une définition personnelle du bonheur change au long d'une vie ou est-ce que c'est une chose permanente?

   _____

   _____

2. Selon vous, que veut dire l'expression «être en forme»? Est-ce pratiquer un sport? prendre des vitamines? éviter le café, l'alcool, le sucre, le cholestérol?

   _____

   _____

3. De quoi avez-vous peur dans la vie en général? De quelle maladie avez-vous le plus peur?

   _____

   _____

Pour se sentir bien dans sa peau

➲ Voir Structure 13.3 Les adverbes

F. Conseils à un jeune médecin. À l'hôpital, Charles parle avec Patrick, un jeune médecin qui vient de recevoir son diplôme. Patrick a besoin des conseils d'un médecin expérimenté *(experienced)* comme Charles. Complétez la conversation avec les adverbes correspondant aux adjectifs donnés entre parenthèses.

Patrick: Je suis crevé *(exhausted)*. Je travaille depuis 20 heures. J'ai quatre patients qui sont (grave)

_____ ¹ malades, deux (heureux) _____ ² qui répondent bien

à leurs traitements, et deux autres qui m'attendent (patient) _____ ³ dans mon

cabinet. Je pourrais (facile) _____ ⁴ continuer à travailler encore 10 heures de plus,

mais je n'en peux plus. Et il y a (constant) _____ ⁵ de nouveaux patients qui

arrivent…

CHARLES: Ce que tu dis, c'est tout à fait vrai. (Franc) _____ ⁶ c'est la réalité dans tous les

hôpitaux. Mais tu ne dois pas t'épuiser *(to wear yourself out)*. (Naturel) _____ ⁷ il y

a beaucoup de travail ici, mais il faut (absolu) _____ ⁸ que tu te reposes et que tu

passes (régulier) _____ ⁹ du temps avec ta famille. Moi et les autres médecins,

nous t'aiderons avec tes patients. Finis avec tes deux patients et rentre chez toi. Tu te sentiras mieux

après avoir dormi un peu.

Comment donner des conseils

➲ Voir Structure 13.4 Le subjonctif (introduction)

G. De retour à Montpellier. Charles doit donner un cours aux standardistes *(operators)* qui reçoivent les appels d'urgence de la ville. Il leur donne un scénario d'urgence dans lequel la mère d'un petit garçon a été blessée. Imaginez les conseils que les étudiants proposent de donner au petit garçon qui téléphone. Utilisez la forme correcte du verbe au subjonctif.

GARÇON: J'ai peur! J'ai peur!

STANDARDISTE: Il ne faut pas que tu (avoir) _____ ¹ peur.

GARÇON: Ma maman ne bouge plus *(isn't moving)*!

STANDARDISTE: Où est-elle? Il faut que tu me (dire) _____ ² où elle se trouve.

GARÇON: Elle est par terre *(on the floor)*!

STANDARDISTE: Est-ce qu'elle a perdu connaissance? Il faut que tu lui (parler) _____ ³.

GARÇON: Elle ne répond pas. Elle a les yeux fermés!

STANDARDISTE: Est-ce qu'elle saigne *(is bleeding)* quelque part? Il faut que tu (regarder)

_____ ⁴.

GARÇON: Oui, elle saigne un peu à la tête!

STANDARDISTE: Bon. Les secouristes *(paramedics)* vont bientôt arriver. Il est important que la porte (être)

_____ ⁵ ouverte. Je veux que tu (aller) _____ ⁶ ouvrir la

porte.

GARÇON: Quelqu'un arrive!

STANDARDISTE: Ce sont les secouristes? Il faut que tu les (appeler) _____ ⁷.

H. Les recommandations du médecin. Imaginez que votre mari vient de se faire opérer par Charles. Communiquez à votre époux les conseils de Charles en évitant le subjonctif.

> **Modèle:** J'insiste pour que vous ne fumiez pas.
> Le médecin te dit *de ne pas fumer.*

1. Il faut que le patient sorte de la maison pour se promener tous les jours.

   Chéri, il te dit qu'il faut _____.

2. Je voudrais que votre mari boive huit verres d'eau par jour.

   Le médecin te dit _____.

3. Il est essentiel que votre mari ne mange pas trop de matières grasses.

Il te dit qu'il est essentiel _____.

4. Je recommande qu'il ne conduise pas pendant un mois.

Chéri, il te recommande _____.

I. La maison de retraite (nursing home). Quand Charles rend visite à sa grand-mère qui habite dans une maison de retraite, il remarque que tout ne va pas bien. Il a pris des notes et, maintenant, il parle au directeur des conditions de la maison de retraite. En jouant le rôle de Charles, faites vos recommandations. Utilisez les verbes de la liste et dans deux ou trois réponses, utilisez des adverbes correspondant aux adjectifs donnés.

Verbes utiles: acheter, améliorer *(to improve)*, emmener, changer, donner, faire attention, jouer, louer, mettre, réparer, aller

Adjectifs: absolu, vrai, évident, naturel, franc, simple, régulier

> **Modèle:** La télévision ne marche pas bien.
> *Il faut absolument que vous répariez la télévision.*
> OU
> *Naturellement, il faut réparer la télévision.*
> OU
> *Réparez la télévision!*

1. La camarade de chambre de ma grand-mère a mauvaise mine. Elle dit qu'elle a mal à la tête.

_____

_____

2. Après avoir goûté leur dîner, les pensionnaires *(residents)* ne veulent plus manger.

_____

_____

3. Certains pensionnaires ont envie de lire dans le jardin, mais il n'y a pas de chaises.

_____

_____

4. Depuis un mois, les amies de ma grand-mère ont besoin d'aller faire du shopping au centre commercial.

_____

_____

5. D'autres gens voudraient fonder un groupe de musique. Mais il n'y a pas de piano ici!

_____

_____

6. Les personnes âgées qui aiment les films disent que la maison de retraite ne possède que trois cassettes vidéo!

_____

_____

Synthèse: Mon bonheur personnel.

De quoi avez-vous besoin pour être heureux (heureuse)? Pour commencer votre composition, notez trois choses qui constituent votre bonheur. Ensuite, écrivez 2–3 phrases pour décrire chaque élément de votre formule du bonheur. Enfin, inventez une devise *(motto)* personnelle en utilisant trois verbes. Suivez le modèle.

Vocabulaire utile: avoir besoin de   surtout

il faut + infinitif   il vaut mieux + infinitif

il est nécessaire de/que   il est important de/que

il est essentiel de/que

Modèle: *Pour être heureux (heureuse), j'ai besoin d'un travail intéressant, de bons amis et de temps libre. D'abord, il faut que j'aie un travail intéressant. Il est essentiel que mon travail présente constamment des défis* (challenges). *C'est plus important qu'un gros salaire pour moi. Ensuite, il est nécessaire que j'aie de bons amis et que je sois un(e) bon(ne) ami(e). À mon avis, il est important de prendre le temps de parler avec ses amis tous les jours. Et finalement, il est important que j'aie du temps libre pour faire ce que je veux. Pour me sentir bien dans ma peau, il est essentiel que je fasse du sport tous les jours. J'ai aussi besoin de partir en vacances de temps en temps. J'adore passer mes vacances à la plage et au ski avec de bons amis. Ma philosophie? Apprendre, communiquer et explorer. Voilà ma devise!*

_____

_____

_____

_____

_____

_____

_____

_____

_____

_____

CULTURE

Regardez **Comment les Français se soignent** à la page 371 et **Les aliments transgéniques** à la page 380 de votre manuel et répondez aux questions suivantes.

1. Décrivez l'attitude des Français en ce qui concerne les remèdes.

_____

_____

_____

2. Comparez l'attitude française envers l'eau minérale à l'attitude des Américains.

_____

_____

_____

3. Pourquoi est-ce que la médecine douce redevient populaire?

_____

_____

_____

4. Quels pays ont adopté l'agriculture biotechnologique?

_____

_____

_____

5. Comparez l'attitude des Français envers la consommation des OGM à l'attitude des Américains.

_____

_____

_____

SUR LE VIF

Soyez sage! Quoi? Sage? Pas dans le sens qu'on utilise avec les enfants, plutôt dans le sens de savoir vivre pour être heureux (heureuse). La revue *Marie France* a posé la question suivante à plusieurs femmes célèbres: Est-ce que vous êtes plus sage aujourd'hui qu'à 20 ans? Lisez ce que deux d'entre elles ont donné comme réponse et ensuite répondez aux questions.

> **Régine Deforges,** auteur de *La Bicyclette bleue, Noir Tango* et *Cuba Libre,* entre autres
>
> «Il y a longtemps que je ne me demande plus si ma façon d'être et de faire, c'est bien ou mal, normal ou pas. Je m'en fiche. C'est comme ça. C'est peut-être ça, la sagesse, un progrès dans la connaissance de soi, des autres. … Très tôt, j'ai appris que l'on peut descendre au fond du trou *(to the bottom)* et rebondir *(to bounce back)*. J'ai aussi pu vérifier certains dictons: «Aide-toi, le ciel *(sky, i.e., heaven)* t'aidera.» «Dans les pires difficultés, on ne peut compter que sur soi-même.» Mais «Demandez et vous recevrez» est également vrai. Il ne faut pas avoir peur, ou honte, d'appeler à l'aide.»

> **Nathalie Baye,** actrice, dans *Arrête-moi, si tu peux,* entre autres
>
> «Il n'est sans doute pas sage de faire le métier que je fais, sans sécurité absolue, avec des trop-pleins et des trop-vides. Mais ce que je trouve le plus important dans la notion de la sagesse, c'est de ne pas toujours vouloir plus. Ce que j'ai acquis avec la vie, c'est moins d'impatience. Je sais davantage prendre mon temps, même si je n'en ai jamais assez. … Être en accord avec soi-même, faire les choses qu'on a choisies de faire me semble l'essentiel.»

Nom _____ Date _____ Cours _____

A. Trouvez une expression équivalente dans l'une des réponses des deux femmes.

1. "I don't care." _____

2. I learned _____

3. un proverbe _____

4. avoir une carrière _____

5. "all or nothing" _____

6. un proverbe _____

7. ne pas se dépêcher _____

B. Complétez les phrases suivantes avec le nom **Régine** ou **Nathalie** selon ce qu'elles ont dit.

1. _____ a un métier qui n'a pas de sécurité.

2. _____ a eu des difficultés mais elle s'en est sortie.

3. _____ a appris qu'elle pouvait demander de l'aide aux autres.

4. _____ essaie de ne pas toujours en vouloir plus.

5. _____ ne se demande pas si elle est comme les autres ou pas.

6. _____ est moins impatiente qu'avant.

7. _____ cherche à prendre son temps davantage.

C. Répondez aux questions suivantes.

1. Quand vous avez des difficultés, sur qui comptez-vous?

_____

_____

_____

2. Est-ce que vous êtes plus sage aujourd'hui qu'à 17 ans? Qu'est-ce que c'est pour vous la sagesse?

_____

_____

_____

La vie sentimentale

L'amour

➲ Voir Structure 14.1 Les verbes pronominaux (suite)

A. L'amour en conte de fée. Pour Cendrillon *(Cinderella)* et son Prince Charmant, l'amour, c'est le coup de foudre. Racontez l'histoire au présent en choisissant les verbes de la liste.

s'en aller	s'entendre	se parler
s'amuser	se fâcher	se regarder
se décider	se marier	se rendre compte
s'ennuyer	s'occuper	se retrouver

Après la mort de sa femme, le père de Cendrillon _____[1] à se remarier. Mais sa nouvelle

femme _____[2] toujours contre Cendrillon et ses deux filles ne _____[3]

pas avec elle. Elles _____[4] pendant que Cendrillon travaille. Au palais, le roi organise un bal

et invite toutes les jeunes filles du royaume. Cendrillon y va, mais elle doit revenir à minuit. Au bal, le jeune prince

et Cendrillon _____[5]: c'est le coup de foudre. Le prince l'invite à danser mais ils n'ont pas le

temps de _____[6]. À minuit, Cendrillon _____[7] qu'il faut partir et elle

_____[8] en courant. Dans l'escalier elle perd une pantoufle que le prince retrouve. Le prince

cherche la jeune fille partout dans son royaume. Finalement, ils _____[9],

_____[10] et ils sont heureux.

B. Votre propre conte de fée. Racontez votre propre histoire d'amour, vraie ou imaginée, en répondant aux questions suivantes.

1. Comment est-ce que vous vous êtes rencontrés?

_____

_____

_____

2. Est-ce que vous sortiez souvent? Où? Avec une bande de copains ou seuls?

_____

_____

_____

3. Quand est-ce que vous vous êtes rendu compte que vous étiez amoureux (amoureuse) d'elle (de lui)?

_____

_____

_____

4. Qu'est-ce qui s'est passé après?

_____

_____

_____

5. Est-ce que vous avez rompu? Pourquoi? Est-ce que vous vous êtes disputés?

_____

_____

_____

Valeurs et espoirs

C. Questions personnelles. Répondez aux questions suivantes avec des phrases complètes.

1. Avez-vous les mêmes valeurs que vos parents? Expliquez.

_____

_____

_____

2. Quel est votre plus grand espoir dans la vie?

_____

_____

_____

3. Pensez-vous que la réussite matérielle soit plus importante de nos jours qu'autrefois? Pourquoi ou pourquoi pas?

_____

_____

_____

4. Quelles qualités cherchez-vous chez un(e) partenaire pour l'avenir?

_____

_____

_____

5. Est-ce que l'union libre ou le mariage à l'essai est une bonne idée pour les jeunes couples? Pourquoi ou pourquoi pas?

_____

_____

_____

6. Comment est votre meilleur(e) ami(e)? Quelles sont les qualités que vous appréciez chez lui (elle)? Comment est-ce que vous vous êtes rencontré(e)s? Depuis combien de temps est-ce que vous le (la) connaissez?

_____

_____

_____

7. Donnez cinq règles de base pour être un(e) bon(ne) ami(e). Commencez vos phrases par **il faut, on devrait** et **il est important de** + infinitif.

_____

_____

_____

D. Le bonheur. Quelles valeurs sont les ingrédients les plus importants du bonheur? Classez vos valeurs personnelles en ordre décroissant *(descending)*. Pour vos premiers et derniers choix, justifiez votre réponse.

Valeurs: la santé, la liberté personnelle, l'argent, une belle carrière, les amis, la famille, la position sociale, le pouvoir

1. _____

2. _____

3. _____

4. _____

5. _____

6. _____

7. _____

8. _____

9. J'ai choisi le/la/l' _____ comme première valeur parce que _____ .

10. J'ai choisi le/la/l' _____ comme dernière valeur parce que _____ .

⮕ **Voir Structure 14.2 Les pronoms démonstratifs celui, celle(s) et ceux**

E. Bilan de l'année. Quels films, livres, chansons, publicités et émissions de télévision avez-vous trouvés les meilleurs cette année? En suivant le modèle, utilisez le pronom démonstratif donné pour expliquer ce qui vous a vraiment impressionné(e) et pourquoi.

> **Modèle:** chansons (celles)
>
> *Parmi toutes les chansons de l'année, celle que j'ai le plus aimée, c'est "Sail Away" de Norah Jones. Elle a une douce mélodie et de belles paroles (words).*

1. livres (celui)

_____

_____

_____

2. films (ceux)

_____

_____

_____

3. publicités (celle)

_____

_____

_____

4. émissions de télé (celles)

_____

_____

_____

⮕ **Voir Structure 14.3 Le conditionnel**

F. La baguette *(wand)* magique. En utilisant le conditionnel, dites ce que vous aimeriez faire, qui vous aimeriez connaître, comment vous aimeriez être, etc., si vous pouviez réaliser tous vos désirs.

1. Quel personnage célèbre aimeriez-vous connaître?

_____

_____

2. Quel talent aimeriez-vous avoir? (Qu'est-ce que vous sauriez faire?)

_____

_____

3. Où est-ce que vous habiteriez?

_____

_____

4. À qui ressembleriez-vous physiquement?

_____

_____

5. Que feriez-vous comme travail?

_____

_____

Comment dire qu'on est d'accord ou qu'on n'est pas d'accord

G. Vues politiques et culturelles. Imaginez que vous discutez de politique et de culture américaines avec votre copain ou copine. Écrivez une réaction personnelle à ce qu'il ou elle dit en incorporant une expression négative ou positive de la liste.

Expressions positives: ah ça, oui; c'est vrai ça; absolument; tout à fait; je suis tout à fait d'accord; c'est bien possible; ça se peut

Expressions négatives: je ne suis pas d'accord, mais ce n'est pas vrai, absolument pas, pas du tout, tu as tort

Modèle: **VOTRE AMI(E):**   *À mon avis, il faut abolir la peine de mort.*
             VOUS: *Je suis tout à fait d'accord! L'application de la peine de mort est injuste. Les pauvres n'ont pas de bons avocats.*

VOTRE AMI(E): George Bush est (a été) un excellent président.

VOUS: _____ 1

VOTRE AMI(E): La télé et les publicités ont une mauvaise influence sur les enfants.

VOUS: _____ 2

VOTRE AMI(E): On doit augmenter les salaires des instituteurs de toutes les écoles publiques du pays. C'est la seule manière d'améliorer notre système éducatif, qui est en danger.

VOUS: _____ 3

VOTRE AMI(E): À mon avis, on devrait légaliser la marijuana.

VOUS: _____ 4

Comment exprimer ses sentiments

➲ Voir Structure 14.4 Le subjonctif (suite)

H. En amour, on n'est sûr de rien. Kristine et James viennent d'annoncer leur mariage. Adrienne et Kate font du commérage *(to gossip)* à propos de ce couple. Complétez leur conversation avec le présent du subjonctif, le présent de l'indicatif ou le futur.

ADRIENNE: Alors Kate, notre amie Kristine (se marier) _____[1]. Qu'en penses-tu?

KATE: Je suis ravie qu'elle (prendre) _____[2] cette décision.

ADRIENNE: Tu penses qu'elle (connaître) _____[3] James assez bien?

KATE: Oui, et je crois qu'ils (s'entendre bien) _____[4].

ADRIENNE: Moi, je ne suis pas sûre que James (être) _____[5] le genre de mec qui reste fidèle.

Je pense qu'il la (tromper) _____[6] un jour.

KATE: Comment? Je suis vraiment surprise que tu (dire) _____[7] cela! Je crois que tu

(avoir) _____[8] tort.

ADRIENNE: Je suis désolée que tu ne (voir) _____[9] pas la réalité en face.

KATE: Il est incroyable que tu ne lui (faire) _____[10] pas confiance.

ADRIENNE: Je crois que je le (connaître) _____[11] bien, James. Il a fait la même chose à

Nicole; heureusement, elle a découvert la vérité avant le jour du mariage.

Synthèse: Le courrier du cœur.

Vous vous sentez seul(e)? On peut toujours demander des conseils au courrier du cœur. Lisez la lettre suivante et répondez-y. Choisissez parmi les expressions suivantes: **il est évident, il est excellent, il n'est pas juste, je ne crois pas, il faut que, il vaut mieux.**

> Dans mon métier (je travaille pour la Banque Mondiale), je voyage beaucoup. Un an au Canada, six mois à la Martinique… Dans ces conditions, il est difficile de rester longtemps avec le même homme. Mais j'aime bien ma liberté. J'ai besoin d'être seule. J'adore partir à l'aventure. Pour moi, le célibat, c'est une vie confortable. J'ai beaucoup d'amis. Le problème: ma famille commence à me regarder comme une handicapée du cœur! Je suis fatiguée de leurs remarques. Ma mère surtout me comprend mal. Elle me regarde comme si j'étais une grande malade. Elle a peur que je devienne vieille fille *(old maid).* C'est humiliant. Est-ce que ce n'est pas normal de vouloir son indépendance? Comment convaincre ma mère de me laisser tranquille? Merci de bien vouloir me répondre.
>
> Hélène

Chère Hélène,

Il est évident que vous voyagez beaucoup et que c'est un travail qui vous plaît…

_____

_____

_____

_____

_____

_____

_____

_____

_____

_____

_____

_____

_____

_____

_____

_____

_____

_____

_____

_____

CULTURE

Relisez **Le couple en transition** à la page 400 et **Perspectives sur l'amitié** à la page 403 et répondez aux questions suivantes.

1. Les couples français mettent en valeur *(value)* quelles qualités traditionnelles?

_____

_____

_____

_____

2. Est-il rare pour un couple français de vivre ensemble avant de se marier? Justifiez votre réponse.

_____

_____

_____

_____

3. Expliquez le «PACS».

_____

_____

_____

4. En ce qui concerne *(Concerning)* l'amitié, les Français trouvent parfois les Américains superficiels et les Américains trouvent les Français froids. Expliquez ce malentendu *(misunderstanding)*.

_____

_____

_____

5. Regardez la description de l'amitié en France et celle de l'amitié aux États-Unis. Quelle description ressemble le plus à votre idée de l'amitié? Expliquez pourquoi.

_____

_____

_____

Module de récapitulation

Fictions

Testez-vous! Pour vous aider à réviser, passez l'examen final suivant basé sur le conte «Barbe bleue». Lisez le conte et ensuite répondez aux questions. Vous allez utiliser le passé, le conditionnel, le présent de narration, le comparatif, les pronoms, l'interrogatif, les expressions négatives et le subjonctif.

Barbe bleue *(Blue Beard)*
adapté du conte de Charles Perrault

Il était une fois un homme très riche qui voulait se marier, mais les femmes avaient peur de lui à cause de sa barbe bleue. De plus, cet homme avait déjà épousé plusieurs femmes et personne ne savait ce que ces femmes étaient devenues. Pour encourager une des jeunes filles de sa voisine° à se marier avec lui, il a invité la mère et ses filles dans son splendide château à la campagne. Après la visite, une des jeunes filles a décidé que sa barbe n'était peut-être pas si bleue après tout et elle a accepté de l'épouser.   *neighbor*

Après un mois de mariage, Barbe bleue a dit à sa femme qu'il devait la quitter pendant quelques jours pour faire un voyage d'affaires. Avant de partir, il lui a donné les clés de la maison. «Voilà les clés des deux grandes chambres, et voilà la clé de mes coffres-forts° où se trouve tout mon argent» a-t-il dit. Puis, il a ajouté «Mais, cette petite clé-ci, c'est pour mon cabinet en bas. Je vous interdis° d'y entrer! Si vous ouvrez cette porte, vous ne pouvez pas imaginer ma colère!» Sa femme a promis de suivre ses ordres et il est parti.   *safes*   *forbid*

Le jour après le départ de son mari, la jeune épouse, poussée par la curiosité, est descendue pour voir ce qui se trouvait dans le petit cabinet. Elle a mis la clé dans la serrure° avec une main tremblante. D'abord, elle n'a rien vu parce que les fenêtres étaient fermées. Mais après quelques moments, elle a vu que le plancher° était couvert de sang°. Puis elle a vu les corps des femmes au mur. (C'étaient toutes les femmes que Barbe bleue avait épousées.) Terrifiée, elle a laissé tomber la clé. Quand elle l'a ramassée°, elle a vu que la clé était couverte de sang. Elle a essayé de la laver mais elle ne réussissait pas à enlever° le sang, car c'était une clé magique.   *lock*   *floor / blood*   *picked up*   *to remove*

Barbe bleue est revenu à la maison ce soir-là et il a demandé ses clés. Regardant la petite clé, il a demandé: «Pourquoi y a-t-il du sang sur cette clé?» «Je ne sais pas» a répondu sa pauvre femme. «Vous êtes entrée dans mon cabinet! Vous devez mourir comme les autres!» a crié Barbe bleue.

La jeune femme s'est jetée° à ses genoux et a dit : «Donnez-moi un peu de temps pour prier Dieu°.» L'homme lui a donné un quart d'heure et elle a appelé sa sœur: «Anne, monte sur la Tour pour voir si mes frères arrivent.» Finalement, Anne a vu les frères arriver à cheval°. «C'est l'heure de mourir!» a crié Barbe bleue faisant trembler toute la maison. Il a pris sa femme par les cheveux pour lui couper la tête. À ce moment-là, quelqu'un a tapé° très fort à la porte. Quand Barbe bleue est allé l'ouvrir, il a vu les deux cavaliers, épée° à la main. Les frères percent alors son corps avec leur épée et Barbe bleue est mort.   *threw herself*   *say a prayer*   *on horseback*   *banged*   *sword*

La jeune femme a hérité de tous les biens de son mari. Elle a donné une partie de ses richesses à sa sœur et à ses frères. Enfin, elle a pu oublier les mauvais moments passés avec Barbe bleue.

A. Avez-vous compris? Répondez aux questions suivantes.

1. Pourquoi est-ce qu'il était difficile pour Barbe bleue de trouver la femme de ses rêves?

_____

_____

2. Pourquoi la jeune fille a-t-elle décidé de se marier avec Barbe bleue après sa première visite au château?

_____

_____

3. Qu'est-ce qui se trouvait dans le cabinet?

_____

_____

4. Qui a sauvé la jeune femme?

_____

_____

5. Est-ce que vous connaissez d'autres histoires où la curiosité d'une femme est une source de malheur (*unhappiness*)?

_____

_____

➲ Voir Structure à réviser: Le passé

B. À vous de raconter! Racontez la première partie de «Barbe bleue» en terminant les phrases. Utilisez le passé composé et l'imparfait.

1. Il était une fois un homme riche qui par malheur (*unfortunately*) (avoir) _____

_____.

2. Les femmes refusaient de l'épouser car elles (avoir) _____

_____.

3. Une de ses voisines avait deux jolies filles. Il (inviter/les) _____

_____.

4. Au château les filles et leur mère (voir)_____

_____.

5. Après la visite, la cadette (*younger sister*) (se décider à) _____

_____.

6. Au bout d'un mois Barbe bleue (partir) _____

_____.

7. Il (donner) _____.

8. Mais il (ordonner/lui) _____ de ne pas ouvrir la porte de son cabinet.

9. La jeune femme (promettre/lui) _____ d'observer ses instructions mais elle (être)

_____.

10. Quand elle (ouvrir) _____ la porte, après un moment, elle (voir)

_____.

➲ Voir Structure à réviser: Le conditionnel

C. Si seulement... Complétez les phrases de façon logique.

   Modèle: Si l'homme n'avait pas de barbe bleue, *il serait plus content.*

1. Si Barbe bleue n'était pas si riche, _____

_____.

2. Si la jeune femme n'était pas si curieuse, elle _____

_____.

3. Si Barbe bleue aimait sa femme, il _____

_____.

4. Si les cavaliers ne pouvaient pas arriver assez vite au château, _____

_____.

5. Si j'étais à la place de la jeune femme, je _____

_____.

6. Si j'étais à la place de Barbe bleue, je _____

_____.

➲ Voir Structure à réviser: Le présent de narration

D. Racontez une histoire. Au Club de français, il y a des étudiants qui ne connaissent pas de contes de fée. Racontez-leur le conte de votre choix en 5 à 6 phrases, en utilisant le présent de narration.

_____

_____

_____

_____

_____

_____

_____

_____

_____

_____

_____

⊃ Voir Structure à réviser: Le comparatif

E. Comparaisons. Utilisez l'adjectif donné entre parenthèses pour comparer les choses et les personnes suivantes.

> **Modèle:**   Barbe bleue, le géant dans «Jacques et le haricot magique» (terrifiant)
> *Barbe bleue est aussi terrifiant que le géant dans «Jacques et le haricot magique».*

1. le château de Barbe bleue, la maison familiale de la jeune femme (grand)

_____

2. la famille de la jeune femme, Barbe bleue (argent)

_____

3. sa nouvelle épouse, ses anciennes femmes (curieux)

_____

4. la clé que la jeune femme a laissé tomber, les autres clés (petit)

_____

5. Barbe bleue, les cavaliers (fort)

_____

6. Je crois que… les hommes, les femmes (la curiosité)

_____

⊃ Voir Structure à réviser: Les pronoms

F. Lisez de plus près. Regardez les pronoms dans les passages suivants du texte «Barbe bleue». Identifiez le mot auquel le pronom fait référence.

1. ligne 6: elle a accepté de <u>l</u>'épouser.

   l' =   **a.** la barbe   **b.** la jeune fille   **c.** l'homme

2. ligne 7: … Barbe bleue a dit à sa femme qu'il devait <u>la</u> quitter…

   la =   **a.** Barbe bleue   **b.** le mariage   **c.** sa femme

3. ligne 11: Je vous interdis d'<u>y</u> entrer!

   y =   **a.** la petite clé   **b.** dans la maison   **c.** dans le cabinet en bas

4. ligne 26: L'homme <u>lui</u> a donné un quart d'heure…

   lui =   **a.** à Dieu   **b.** à l'homme   **c.** à la femme

5. ligne 30: Quand Barbe bleue est allé <u>l</u>'ouvrir…

   l' =   **a.** la tête   **b.** la maison   **c.** la porte

G. Un résumé du conte. Encerclez le pronom approprié pour compléter le résumé.

Barbe bleue s'est marié avec plusieurs femmes et il (1. les, leur, se) a toutes tuées. Il pense que tuer ses femmes était justifié. Il (2. les, leur, se) a dit de ne pas entrer dans son cabinet privé, mais elles (3. lui, y, en) sont entrées quand même.

Sa nouvelle jeune femme a laissé tomber la clé dans le cabinet et elle n'a pas réussi à (4. la, lui, en) laver. Quand son mari est rentré à la maison, elle a dû (5. le, lui, la) rendre ses clés. Barbe bleue a alors su que sa femme (6. l', lui, y) avait menti *(lied)*.

La jeune femme a dit à sa sœur de faire venir leurs frères au palais. Quand les frères (7. lui, le, y) sont arrivés, ils ont tué Barbe bleue et sauvé leur sœur. La jeune femme (8. les, leur, l') a embrassés et (9. les, leur, en) a expliqué tout ce qui s'était passé. Pour remercier ses frères, elle (10. les, leur, lui) a donné une partie de sa fortune et ils (11. y, en, le) ont été très reconnaissants *(grateful)*.

⮕ Voir Structure à réviser: L'interrogatif

H. Une conversation entre deux sœurs. Imaginez la conversation entre la jeune femme et sa sœur. Lisez les réponses suivantes et posez les questions que la sœur a probablement demandées.

JEUNE FEMME: Anne, viens! Il faut que je te parle. Barbe bleue va me tuer!

ANNE: _____ 1

JEUNE FEMME: Parce que j'ai ouvert la porte du cabinet qu'il m'avait interdit d'ouvrir.

ANNE: _____ 2

JEUNE FEMME: J'ai trouvé les corps de ses anciennes femmes.

ANNE: _____ 3

JEUNE FEMME: Mon mari est probablement dans sa chambre.

ANNE: _____ 4

JEUNE FEMME: Il va sans doute arriver dans quelques minutes.

ANNE: _____ 5

JEUNE FEMME: Seulement nos frères peuvent m'aider. J'espère qu'ils arriveront vite.

⮕ Voir Structure à réviser: Les expressions négatives

I. Jamais de la vie! Répondez aux questions suivantes avec des phrases complètes en utilisant une expression négative: **ne… plus, ne… jamais, ne… pas encore, ne… personne.**

1. Est-ce que vous connaissez quelqu'un comme Barbe bleue?

_____

2. Lorsque la jeune fille l'épouse, est-ce qu'elle sait déjà que c'est un monstre?

_____

3. Quand elle découvre la vérité, est-ce que la jeune femme aime toujours son mari?

_____

4. Est-ce que vous croyez que la jeune femme regarde souvent ses photos de mariage?

_____

➲ Voir Structure à réviser: Le subjonctif

J. Des réflexions sur Barbe bleue. Complétez les phrases en choisissant entre le subjonctif et l'indicatif.

Je crois que la jeune fille _____[1] (épouser) Barbe bleue à cause de ses richesses. Il n'est pas possible qu'après la visite du château, sa mère lui _____[2] (dire) de l'épouser tout simplement pour l'amour. Il faut que Barbe bleue _____[3] (être) gentil au début pour gagner la confiance de sa femme. Il ne veut pas qu'elle _____[4] (savoir) la vérité. Il est clair qu'elle _____[5] (ne pas pouvoir) résister à la tentation d'ouvrir le cabinet défendu et il est frustrant que Barbe bleue _____[6] (savoir) exactement ce que sa femme va faire. Je ne crois pas que les femmes _____[7] (avoir) plus de curiosité que les hommes. C'est seulement une notion traditionnelle. Il est choquant que les adultes _____[8] (lire) une histoire aussi terrifiante que «Barbe bleue» aux petits enfants.

Synthèse: Un conte de fée original.

Lisez le début de ce conte de fée original. Qu'est-ce qui est arrivé au protagoniste après l'accident tragique? Va-t-il pouvoir grandir *(to grow up)* et sauver le royaume *(kingdom)* de ses parents? Inventez un dénouement et ensuite lisez votre version à la classe. La classe va choisir les trois meilleurs contes. Utilisez une autre feuille de papier.

> Il était une fois un roi et une reine d'un pays où régnaient *(reigned)* le bonheur et la justice. Le comble de leur joie *(The height of their joy)* était la naissance de leur premier fils, un bébé qu'ils ont nommé Geoffroi. Quand Geoffroi a eu trois ans, une méchante sorcière a cruellement jeté un sort *(a spell)* sur leur royaume *(kingdom)*. Ce sort disait que le soleil ne se lèverait pas pendant sept ans. Après trois ans d'obscurité *(darkness)*, il n'y avait plus rien à manger et les gens mouraient de faim. Pour sauver leur fils, le roi et la reine l'ont courageusement envoyé dans un autre royaume, accompagné de leur cher ami, le magicien Arzac. En route pour leur destination, l'un des chevaux qui menait *(led)* leur carrosse *(carriage)* a soudainement glissé *(slid)*, faisant tomber le carrosse dans un ravin. Quand le petit Geoffroi, âgé de six ans, s'est réveillé, il s'est aperçu *(he noticed)* que le magicien était mort d'une blessure à la tête. Alors,…

CULTURE

Relisez **Charles Perrault, père de la mère l'Oie** à la page 424 de votre manuel. Les affirmations suivantes sont-elles vraies ou fausses?

1. Charles Perrault a emprunté la phrase «Il était une fois…» au conte des frères Grimm.　　**vrai**　**faux**

2. Ce fameux conteur *(storyteller)* était le ministre de la culture sous Louis XIV.　　**vrai**　**faux**

3. Perrault n'a pas inventé la plupart de ces histoires qui font partie de la tradition orale.　　**vrai**　**faux**

4. *Les contes de la mère l'Oie* est une traduction de *Mother Goose* écrits en Angleterre.　　**vrai**　**faux**

5. Ces contes ont été écrits principalement pour les enfants.　　**vrai**　**faux**

Activités de compréhension et de prononciation (Lab Manual)

Les camarades et la salle de classe

COMPRÉHENSION AUDITIVE

Comment se présenter et se saluer

CD1-2 **Exercice 1. Marcello présente ses amis.** Marcello, who is studying French at a language institute in Nice, is explaining where some of his fellow students are from. Match each student to his or her city.

1. _____ Marcello   **a.** Lisbonne

2. _____ M. Leupin   **b.** Paris

3. _____ Noriko   **c.** Rome

4. _____ Anne   **d.** New York

5. _____ Amandio   **e.** Osaka

CD1-3 **Exercice 2. Formel ou familier?** Indicate whether the speakers are being formal or familiar by putting an X in the appropriate column. You will hear each sentence twice.

	formel	familier
1.	_____	_____
2.	_____	_____
3.	_____	_____
4.	_____	_____
5.	_____	_____

CD1-4 **Exercice 3. Comment allez-vous?** You will hear six short greetings. Select and give an appropriate response during the pause, then check your answers against the recording.

1. _____   **a.** Je m'appelle Serge Lambrechts.

2. _____   **b.** Salut, à demain.

3. _____   **c.** Moi, je viens de Marseille.

4. _____   **d.** Oui, ça va. Et toi?

5. _____   **e.** Très bien, merci. Et vous?

6. _____   **f.** Pas mal. Et toi?

Identification des choses

CD1-5 **Exercice 4. Identifiez les choses.** Indicate whether the following objects are being properly identified by marking **oui** or **non** below.

1. oui   non

2. oui   non

3. oui   non

4. oui   non

5. oui   non

Identification des personnes

La description des personnes

CD1-6 **Exercice 5. Qui est sur la photo?** Laurent and Marcello are thumbing through a *Paris Match* magazine looking at celebrity photos from the Cannes Film Festival. Listen to their comments about the following celebrities and circle the descriptions you hear them use for each one. You may need to play the dialogue more than once.

célébrités	description			
1. Catherine Deneuve	jeune	belle	blonde	classique
2. Daniel Auteuil	beau	chapeau	petit	vieux
3. Emmanuelle Béart	cheveux longs	belle	petite	
4. Clint Eastwood	vieux	cheveux gris	beau	

Les vêtements et les couleurs

CD1-7 **Exercice 6. La vie moderne.** Anne and Marc want to order school clothes from the catalogue *La Vie moderne*. Their mother wants to know on what pages she can find the following clothing. Write down the page number where each article of clothing can be found.

1. robe rouge _____   4. blouson _____

2. pantalon beige _____   5. chemises _____

3. jupe _____   6. maillots de bain _____

Comment communiquer en classe

CD1-8 **Exercice 7. Vous comprenez?** Match what you hear with its English equivalent.

1. _____   **a.** The homework is on page 10.

2. _____   **b.** Please repeat.

3. _____   **c.** I don't understand.

4. _____   **d.** I have a question.

5. _____   **e.** Open the book to page 25.

PRONONCIATION ET ORTHOGRAPHE

The alphabet and the rhythm of French

CD1-9 **A. L'alphabet et les accents.** Listen to the French alphabet.

a b c d e f g h i j k l m n o p q r s t u v w x y z

Now listen and repeat.

Listen to the names of the accents used in French.

1. l'accent circonflexe /ê/   3. l'accent grave /à/

2. l'accent aigu /é/   4. la cédille /ç/

CD1-10 **B. Un test d'orthographe *(Spelling test).*** Now you're ready to take a French spelling test. The first four words are already written out. Write out the final four words you hear spelled.

1. Mississippi   5. _____

2. forêt   6. _____

3. justice   7. _____

4. très   8. _____

CD1-11 **C. Le rythme et l'accent.** English words have alternating stressed and unstressed syllables. Listen to the stress patterns of the following words, and underline where you hear the primary stress.

A. 1. university

2. impossible

3. impatience

4. uncertainty

5. movement

6. anticipation

French words, on the other hand, have evenly stressed syllables of equal length. The last syllable always receives primary stress. This produces a regular, stacatto pattern. Listen to the following words pronounced in English and then in French. Underline the stressed syllable in each word.

B. 1. university   université

2. impossible   impossible

3. distinction   distinction

4. uncertainty   incertitude

5. impatience   impatience

6. anticipation   anticipation

La vie universitaire

COMPRÉHENSION AUDITIVE

Les distractions

Comment exprimer ses préférences

CD1-12 **Exercice 1. Un sondage.** Philippe Dussert is interviewing a fellow student, Bruno, about his leisure activities. First stop the recording and read the true/false statements. Now listen to the interview and mark each statement **vrai** (true) or **faux** (false).

Nouveau vocabulaire:

les clips	*music videos*
les suspenses	*suspense*
la techno	*techno music*

vrai   **faux**

1. _____ _____ Bruno aime aller au cinéma.

2. _____ _____ Il aime les comédies.

3. _____ _____ Il préfère les films d'amour.

4. _____ _____ Il aime beaucoup la musique.

5. _____ _____ La techno est sa musique préférée.

6. _____ _____ Il regarde la télé.

7. _____ _____ Il n'aime pas du tout les clips.

Le campus

CD1-13 **Exercice 2. L'arrivée au campus.** Nadia, a young French woman, has just arrived at the residence hall of an American university. She calls home and lets her mother know what the facilities are like. Listen to the conversation between Nadia and her mother and mark the appropriate response to indicate what there is on campus.

Il y a…	oui	non
1. une grande résidence	_____	_____
2. des étudiants étrangers	_____	_____
3. beaucoup de Français	_____	_____
4. une cafétéria, une salle de cinéma et une salle d'études	_____	_____
5. une piscine olympique	_____	_____
6. une salle de sport	_____	_____
7. de grandes chambres	_____	_____

CD1-14 **Exercice 3. Où êtes-vous?** Where do the following conversations take place?

1. _____   **a.** au stade

2. _____   **b.** au musée

3. _____   **c.** à la librairie

4. _____   **d.** à la cafétéria

e. à la bibliothèque

f. à l'amphithéâtre

Les cours

CD1-15 **Exercice 4. On parle des cours.** Two students are discussing their classes. Put a check next to each of the courses below that you hear mentioned.

_____ l'anglais   _____ la sociologie   _____ les mathématiques

_____ la biologie   _____ l'histoire

_____ le français   _____ les sciences politiques

CD1-16 **Exercice 5. Opinions.** A couple of students are talking about their classes, professors, and the university in general. Listen to their conversation and decide whether each statement is positive or negative.

1. positif   négatif

2. positif   négatif

3. positif   négatif

4. positif   négatif

5. positif   négatif

6. positif   négatif

Le calendrier

CD1-17 **Exercice 6. Une fiche d'inscription.** You're helping the admissions officer of a summer program fill out registration forms. As the students answer questions, fill out the **fiche d'inscription.**

Fiche d'inscription

Nom: _____ Prénom: _____

Nationalité: _____

Date de naissance: _____ *1984*

Profession: _____

Adresse: *11, rue de* _____

Numéro de téléphone: _____

CD1-18 **Exercice 7. Le calendrier scolaire.** Mathias and Marine are looking over their school calendar to plan their vacations. Listen to their conversation and match the important days in column A with the dates in column B.

Nouveau vocabulaire:

la rentrée *back to school*
le début *beginning*
un jour férié *holiday*
un congé *day off*

A	B
1. _____ la rentrée	**a.** le 16 avril
2. _____ le premier jour férié	**b.** le vendredi 20 décembre
3. _____ le début des vacances d'hiver	**c.** le lundi 15 septembre
4. _____ Pâques	**d.** la Toussaint–le 1er novembre

PRONONCIATION ET ORTHOGRAPHE

Intonation patterns for yes/no questions and identifying negative sentences

CD1-19 **A. Les questions.** In informal spoken French, you can ask yes/no questions simply by using a rising intonation pattern. Listen to the following statements and questions. Notice the falling intonation pattern of the statements and the rising contours of the questions.

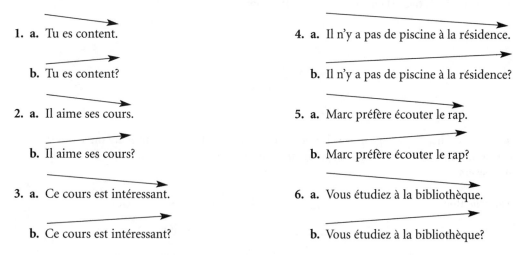

1. a. Tu es content.

b. Tu es content?

2. a. Il aime ses cours.

b. Il aime ses cours?

3. a. Ce cours est intéressant.

b. Ce cours est intéressant?

4. a. Il n'y a pas de piscine à la résidence.

b. Il n'y a pas de piscine à la résidence?

5. a. Marc préfère écouter le rap.

b. Marc préfère écouter le rap?

6. a. Vous étudiez à la bibliothèque.

b. Vous étudiez à la bibliothèque?

After hearing each statement again, use rising intonation to turn it into a question. Then compare your questions with those on the recording.

CD1-20 **B. Les questions avec «est-ce que».** Another way to form a question is by adding **est-ce que** in front of the statement. **Est-ce que** questions use a slightly more gradual rising intonation pattern. Listen to the following statements and questions.

1. **a.** Il a deux cours de biologie ce trimestre.

   b. Est-ce qu'il a deux cours de biologie ce trimestre?

2. **a.** Ce n'est pas difficile.

   b. Est-ce que ce n'est pas difficile?

3. **a.** Vous n'aimez pas les documentaires.

   b. Est-ce que vous n'aimez pas les documentaires?

4. **a.** Tu n'écoutes pas la radio.

   b. Est-ce que tu n'écoutes pas la radio?

Listen to the following bits of conversation. Put a question mark (?) in the blank if you hear a question. If you hear a statement, leave it empty.

1. _____   5. _____

2. _____   6. _____

3. _____   7. _____

4. _____   8. _____

CD1-21 **C. La négation.** Negative sentences in French are created by putting **ne** before the verb and **pas** after it. Sometimes in casual speech the **ne** is omitted, leaving **pas** to mark the negation. Listen to the following sentences and decide whether they are negative or affirmative. Then write – or + in the appropriate space.

1. _____   5. _____

2. _____   6. _____

3. _____   7. _____

4. _____   8. _____

CD1-22 **D. Paragraphe à trous.** You will hear a passage in which Robert describes his life at the university three times. First, just listen. The second time, fill in the following paragraph with the missing words and phrases. Finally, listen and correct your answers.

Bonjour. Je m'appelle Robert. Je suis _____[1] à l'université Laval au

_____[2], mais je _____[3] de nationalité

_____[4]. J'_____[5] beaucoup la vie universitaire ici.

Il y a _____[6] cafés, de bons restaurants et beaucoup de

_____[7] étudiants comme moi. À la résidence on fait toujours la fête. Nous

_____[8] de la musique et _____[9] ensemble. Et puis il y

a les discussions politiques. Nous _____[10] ensemble parfois jusqu'à deux

heures du matin. Moi, je n'étudie pas ici parce qu' _____[11] trop de bruit

(*noise*). Je _____[12] aller à la bibliothèque.

Chez l'étudiant

COMPRÉHENSION AUDITIVE

La famille

CD1-23 **Exercice 1. La famille de Christine.** Listen to the description of Christine's family and fill in the blanks with words from the following list. The description will be read twice. You do not need to spell out the numbers.

femme	fille	cousine
grands-parents	fils	cousin
mari	16	oncle

1. Christine Monaud et son _____ Hervé ont deux enfants.

2. Leur _____ Jean a _____ ans et leur

   _____ Catherine en a 13.

3. Catherine et Jean aiment passer le week-end chez leurs _____ à la campagne.

4. Les deux enfants ont un _____, Nicolas, et une _____, Sarah.

5. Les enfants adorent leur _____ Jérémie. Il n'a pas de _____.

CD1-24 **Exercice 2. La vieille maison.** M. Favel is taking a stroll in the countryside when he comes across a dilapidated house. Listen to his description, and fill in the blanks with **de, du, de la,** or **des.**

1. Le jardin _____ maison est vaste.

2. Le vert _____ arbres est formidable, mais les fleurs _____ jardin sont fânées *(faded)*.

3. Les rideaux _____ fenêtres sont tirés *(drawn)* et les carreaux *(panes)* _____ quelques fenêtres sont cassés *(broken)*.

4. Une femme ouvre la porte _____ entrée.

5. L'expression _____ femme est troublée.

6. C'est la femme _____ gardien _____ maison.

Les caractéristiques personnelles

CD1-25 **Exercice 3. Comment est votre famille?** Annick is describing her family. Circle the adjectives she uses to describe each family member.

Père:	sérieux	sympathique	strict	intelligent	actif	bon sens de l'humour
Mère:	gentille	paresseuse	sérieuse	difficile	généreuse	compréhensive
Frère:	sympathique	désagréable	bien élevé	égoïste	paresseux	beau

CD1-26 **Exercice 4. Annonces relations.** Michel and his friend Claire are having fun reading the personals section of their newspaper. Listen to the recording and jot down the age of the writer while noting the qualities he or she is looking for in a partner. Cross out the element in the description that does not apply.

hommes	description
1. femme _____ ans, cherche homme	30 à 45 ans, intellectuel, généreux, cultivé, charmant, riche
2. femme _____ ans, cherche homme	intelligent, sportif, réaliste, affectueux
3. femme _____ ans, cherche homme	beau, stable, qui aime nager, le cinéma et la conversation

femmes	description
4. homme _____ ans, cherche femme	sportive, qui aime le ski, le golf, le vélo, les voyages et le bridge
5. homme _____ ans, cherche femme	jolie, stable, tendre, patiente, qui aime les enfants
6. homme _____ ans, cherche femme	cultivée, élégante, calme, pessimiste

CD1-27 **Exercice 5. Une interview sur votre famille.**

A. Listen to the following interview questions and jot down your answers in note form. Replay or stop the recording when necessary.

1. _____

2. _____

3. _____

4. _____

5. _____

B. This time you will hear Claudine Ladoucette answer the same questions. Check off the places in your notes above where her answers correspond to yours.

La chambre et les affaires personnelles

CD1-28 **Exercice 6. Les déménageurs.** You overhear a client telling a representative from a moving company where to put her furniture. Look at the following drawing and cross out any objects that have not been put in the correct place.

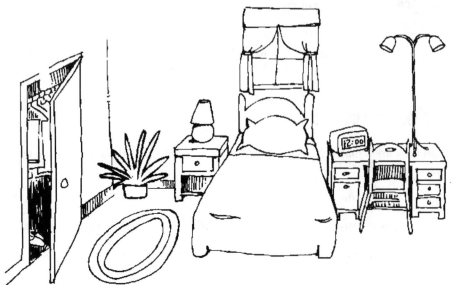

CD1-29 **Exercice 7. Qu'est-ce qu'il faut apporter?** Keith is putting together a list of things to buy for his year abroad in France. He calls his host mother, Mme Millot, to double-check on a few items. Write down each object mentioned and mark whether he should bring it or not.

objet	apporter	ne pas apporter
1. _____	_____	_____
2. _____	_____	_____
3. _____	_____	_____
4. _____	_____	_____
5. _____	_____	_____
6. _____	_____	_____

Des nombres à retenir

CD1-30 **Exercice 8. France Télécom.** Listen to M. Renaud ask Information (**France Télécom**) for the following numbers and jot them down.

1. Air France _____

2. Monoprix _____

3. Résidence Citadines _____

4. Musée d'Orsay _____

Comment louer une chambre

CD1-31 **Exercice 9. Un studio à louer.** You have a studio apartment available for rent and you get a call from someone interested in it. Select and read aloud the answer that best responds to the question or statement you hear.

Modèle: Vous entendez: Bonjour, c'est bien le 04-54-46-21-11?

Vous choisissez et vous dites: _____ **a.** Oui, c'est lundi.

____X____ **b.** Oui, c'est ça.

_____ **c.** Non, je vais réfléchir.

1. _____ **a.** Nous avons un appartement avec deux chambres.

_____ **b.** Oui, nous avons un beau studio près de la fac.

_____ **c.** Nous avons l'air climatisé.

2. _____ **a.** Oui, il y a un beau jardin derrière.

_____ **b.** Oui, il y a un sofa, une table et des chaises, un lit et une table de nuit.

_____ **c.** Oui, il est lumineux avec de grandes fenêtres qui donnent sur le parc.

3. _____ **a.** Je regrette, mais les animaux sont interdits.

_____ **b.** Il y a des charges aussi.

_____ **c.** Je regrette, mais il est interdit de fumer.

4. _____ **a.** C'est près du centre-ville.

   _____ **b.** Les charges sont comprises.

   _____ **c.** 285 euros par mois, plus les charges.

5. _____ **a.** De rien. Au revoir.

   _____ **b.** Très bien. Vous voulez le prendre?

   _____ **c.** À bientôt.

Now listen to the entire conversation and check your answers.

PRONONCIATION ET ORTHOGRAPHE

Silent letters in -er verbs and feminine endings

CD1-32 **A. Les lettres muettes (Silent letters) dans les verbes en -er.** One of the difficulties in learning to pronounce French is deciding which final letters to pronounce. In French, most final consonants are silent. Notice that the forms of the verb **parler** shown in the boot below all sound the same even though they are spelled differently. This is because they have silent endings: **je parle, tu parles, il parle, ils parlent, elles parlent.** Only the **nous** and **vous** forms have endings that you can hear: **nous parlons, vous parlez.**

parler *(to speak)*

je parle	nous parlons
tu parles	vous parlez
il parle	ils parlent

Pronounce the following verbs and then check your pronunciation against what you hear on the recording.

1. j'aime

2. tu changes

3. nous arrivons

4. elle regarde

5. ils chantent

6. nous écoutons

7. vous imaginez

8. ils détestent

9. elles jouent

10. tu décides

CD1-33 **B. Les terminaisons féminines (Feminine endings).** In French, the ends of words carry important gender information. Many masculine words that end in a vowel sound have a feminine equivalent that ends in a consonant sound. This is because the addition of the feminine **-e** causes the final consonant to be pronounced (for example, the masculine/feminine pair **sérieux/sérieuse**). Listen to the following adjectives and indicate whether they are masculine or feminine by circling **M** or **F.**

1. M   F

2. M   F

3. M   F

4. M   F

5. M   F

6. M   F

7. M   F

8. M   F

9. M   F

10. M   F

Travail et loisirs

COMPREHENSION AUDITIVE

Les métiers

CD2-2 **Exercice 1. Qui parle?** Listen as several people talk about their jobs, and circle the name of their profession. As you are not expected to understand the entire passage, just listen for key words.

1. une femme d'affaires   un professeur   une infirmière   une artiste

2. un photographe   un prêtre   un instituteur   un chanteur

3. un ouvrier   un journaliste   un cadre   un avocat

4. un homme politique   un pilote   un agriculteur   un vendeur

5. un commerçant   un médecin   un informaticien   un agent de police

6. une architecte   une secrétaire   une mécanicienne   un juge

Les lieux de travail

CD2-3 **Exercice 2. En ville.**
Look at the town map and respond **vrai** or **faux** to the statements you hear.

	vrai	faux			vrai	faux
1.	_____	_____		5.	_____	_____
2.	_____	_____		6.	_____	_____
3.	_____	_____		7.	_____	_____
4.	_____	_____				

CD2-4 **Exercice 3. Ma journée.** The Deroc family members have busy schedules today. Listen as they describe where they plan to go and number the places listed below 1–4 in order.

1. Agnès Deroc   _____ le café

    _____ la banque

    _____ l'hôpital

    _____ la poste

2. Michel Deroc   _____ la mairie

    _____ le restaurant

    _____ l'usine

    _____ le commissariat de police

3. Christine Deroc   _____ l'église

    _____ la maison

    _____ le lycée

    _____ le supermarché

Comment dire l'heure

CD2-5 **Exercice 4. L'heure.** You will hear the time given in five sentences. Write the number of the sentence in the blank next to the clock that corresponds to the time you hear.

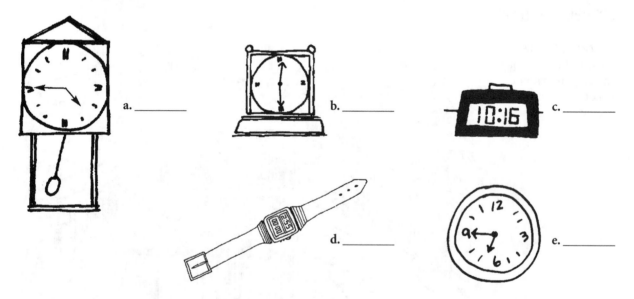

a. _____   b. _____   c. _____

d. _____   e. _____

CD2-6 **Exercice 5. Horaire de travail.** Micheline is starting a new job tomorrow and she asks her new boss about the daily work schedule. Fill in the times below on her schedule.

Nouveau vocabulaire:
une pause   *break*
une réunion du personnel   *staff meeting*

1. _____ arrivée au bureau

2. _____ ouverture du bureau

3. _____ pause (café)

4. _____ déjeuner

5. _____ réunion du personnel

6. _____ fermeture du bureau

7. _____ retour à la maison

Les loisirs

CD2-7 **Exercice 6. Activités du samedi.** What are your friends at the **résidence universitaire** doing on Saturday afternoon? Answer the questions you hear and say what each person is doing according to the pictures below. Then compare your response with the one that follows.

Modèle: Vous entendez: Martin, qu'est-ce qu'il fait?

Vous voyez:

Vous dites: *Il joue au football.*
Vous entendez: Il joue au football.

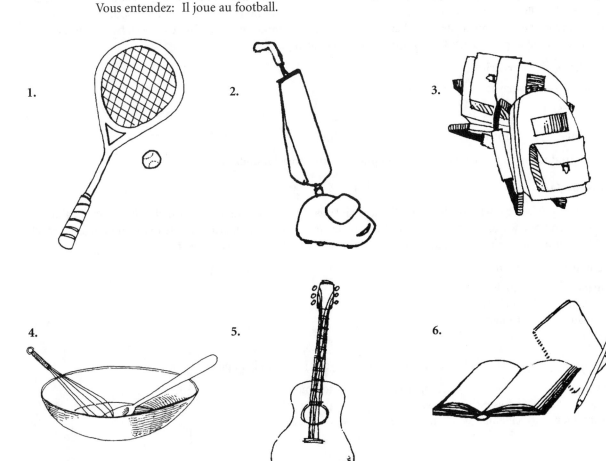

Les projets

CD2-8 **Exercice 7. Aide-moi!** Caroline needs her brother's help on Wednesday afternoon. Check off the things she plans to do if he will help her with her household chores.

_____ jouer de la guitare

_____ retrouver des amis à la bibliothèque

_____ aller au centre-ville

_____ regarder la télé

_____ faire le ménage

_____ aller au magasin de disques

_____ faire des courses

_____ jouer au tennis

_____ jouer au squash au club de sport

_____ acheter un jean et des chaussures

_____ acheter une nouvelle robe

PRONONCIATION ET ORTHOGRAPHE

French vowels /a, e, i/ and listening for masculine and feminine cues

CD2-9 **A. Les voyelles françaises (introduction).** In French, vowels are pronounced with more tension and are more crisp than in English. English speakers often pronounce vowels with a diphthong or glide from one sound to another. In contrast, French vowels immediately hit their target sound. To pronounce a pure French vowel, hold your jaw steady to avoid gliding. Compare the following English–French pairs.

English	French
mat	maths
say	ses
sea	si
bureau	bureau

In this introduction to French vowels, you will practice three vowel sounds: /a/, /e/, /i/.

La voyelle /a/

The sound /a/ is written with the letter **a** (also **à, â**) and has the same pronunciation whether it is at the beginning, middle, or end of a word. The word **femme** also contains this vowel sound. Listen to the following English–French pairs to contrast the various pronunciations of *a* in English with the consistent French /a/.

English	French
madam	madame
sociable	sociable
Canada	Canada
phrase	phrase

Now repeat these words with /a/, remembering to keep your jaw steadily in place.

Anne	radio	appartement	femme
âge	adresse	avril	promenade
camarade	cinéma	ma mère	elle va à Paris

La voyelle /e/

The sound /e/ begins higher and is more tense than its English equivalent. Compare the following:

English	French
may	**mes**
say	**ses**
lay	**les**

As you pronounce the following words, note that /e/ may be spelled **-er, -é, -ez, -et,** and **-es** (in one-syllable words).

désolé	vous chantez	la télé	des
musée	ses idées	et	mes
aller	chez Mémée	aéroport	parlez

La voyelle /i/

The vowel sound /i/ is pronounced high like /e/ but with your lips more spread as in a smile. Compare the following pairs, noting the absence of diphthongs in French.

English	French
key	**qui**
sea	**si**
knee	**ni**

Note that /i/ may be spelled **i** (**î**, or **ï**) or **y.** Listen and repeat the following:

midi	pique-nique	bicyclette	timide
minuit	guitare	lit	il habite
lycée	tapis	disque	il y a

CD2-10 **B. Masculin ou féminin?** Job titles often have masculine and feminine forms that follow patterns similar to those of adjectives. Some forms do not vary. Listen to the following masculine and feminine pairs and repeat.

un avocat	une avocate
un informaticien	une informaticienne
un infirmier	une infirmière
un secrétaire	une secrétaire

Remember that you may also hear other clues to help you understand whether the person being described is male or female: the subject pronoun **il(s)/elle(s)** and the indefinite article in the structure **c'est un(e).**

Listen to the statements that follow and mark whether the person described is male or female.

masculin	féminin		masculin	féminin
1. _____	_____	5. _____	_____
2. _____	_____	6. _____	_____
3. _____	_____	7. _____	_____
4. _____	_____		

CD2-11 **C. Dictée partielle.** Michèle is describing her brother Éric. On the first reading, just listen. The second time, fill in the blanks with the words you hear. Finally, on the third reading, correct your answers.

Mon frère Éric _____[1] ans. _____[2] au magasin de

vidéos où il travaille du _____[3] au _____[4], de

_____[5] à _____[6]. Il aime bien son travail parce que

_____[7] vrai amateur (fan) de cinéma. Il connaît (He knows) tous

_____[8] et _____[9]. Le week-end, quand Éric

_____[10] ses amis, ils _____[11] ou

_____[12] des vidéos ensemble. Je suis sûre qu'un jour il

_____[13], mais pour le moment, il rêve de _____[14]

à Hollywood pour voir les studios hollywoodiens.

Module 5

On sort?

COMPRÉHENSION AUDITIVE

Au téléphone

CD2-12 **Exercice 1. Tu es libre?** Samia calls her friend Karine to make some plans. Listen to her telephone conversation and choose the best answer.

1. Quand Samia téléphone à Karine,…

   a. la mère de Karine répond.

   b. Karine n'est pas là.

   c. elle laisse un message pour Karine.

2. Samia a un(e)…

   a. nouvel ami.

   b. nouveau piano.

   c. nouvelle bicyclette.

3. Samia invite Karine à…

   a. faire une promenade dans le parc.

   b. faire du vélo.

   c. jouer du piano.

4. Karine doit…

   a. rester à la maison avec ses parents cet après-midi.

   b. travailler cet après-midi.

   c. aller à une leçon de piano cet après-midi.

5. Karine et Samia décident de…

   a. sortir demain.

   b. rentrer à trois heures.

   c. partir à trois heures.

CD2-13 **Exercice 2. C'est qui à l'appareil?** Listen to each phone message and identify the party you reach by writing the appropriate letter in the blank.

1. _____   **a.** la météorologie nationale

2. _____   **b.** votre futur employeur, L'Oréal France

3. _____   **c.** votre médecin, Mme Clermont

4. _____   **d.** votre garagiste, M. Fréchaut

5. _____   **e.** une amie de la fac, Clémentine

6. _____   **f.** votre compagnie de téléphone

                                       g. votre propriétaire, M. Chaumette

Comment inviter

CD2-14 **Exercice 3. Où aller?** You will hear several conversations in which people discuss plans. Listen and circle the place in column A or B where each couple decides to go.

A	B
1. au concert	au cinéma
2. au match de foot	chez un ami
3. en ville	à la bibliothèque

CD2-15 **Exercice 4. Répondez, s'il vous plaît.** Véronique is organizing a picnic for noon tomorrow. Listen to the messages left on her answering machine and check off whether or not the following people can come.

	oui	non
1. Emma	_____	_____
2. Lucas	_____	_____
3. Eva	_____	_____
4. Kenza	_____	_____
5. Mohamed	_____	_____

Rendez-vous au café

CD2-16 **Exercice 5. Conversations au café.** While in the café near school you overhear a number of conversations. Identify the situation that is occurring in each conversation by writing the appropriate letter in the blank.

1. _____   **a.** getting a seat in a café

2. _____   **b.** ordering something to drink

3. _____   **c.** striking up a conversation

4. _____   **d.** asking for the check

5. _____   **e.** saying good-bye

La météo

CD2-17 **Exercice 6. Météo pour le week-end.** As you are trying to make plans for a weekend outing in the south of France, you listen to the weather report to decide whether to go to the beach, the mountains, or the island of Corsica. On the map below, jot down the weather conditions and temperatures given for the cities marked. You may need to listen more than once. Then decide where you would like to go and fill in the sentence with your choice and a brief explanation.

Nouveau vocabulaire:

temps instable	*unstable conditions*
vents légers	*light winds*
ciel nuageux	*cloudy sky*
éclaircies	*partly cloudy*
ensoleillé	*sunny*
températures douces	*mild temperatures*
averses	*showers*

Ce week-end, je voudrais aller à _____ parce que _____

_____ .

Comment faire connaissance

CD2-18 **Exercice 7. Un ami curieux.** A friend asks you lots of questions about your weekend plans. Select and read aloud the response that best answers the question you hear.

Modèle: Vous entendez: Est-ce que tu restes ici ce week-end?

Vous choisissez et vous dites: ___**X**___ *Non, je pars.*

1. _____ À l'heure.

_____ À Dallas.

_____ À six heures.

2. _____ Vendredi après-midi.

_____ Dans un mois.

_____ En retard.

3. _____ On prend la voiture.

_____ On prend un café.

_____ 400 kilomètres.

4. _____ Avec le bus.

_____ Avec ma cousine Martine.

_____ Avec mes livres de chimie.

5. _____ Elle va bientôt à Paris.

_____ Elle est banquière.

_____ Elle va bien.

6. _____ Oui, elle finit ses études en juin.

_____ Oui, elle a 27 ans.

_____ Non, elle n'est plus chez lui.

7. _____ Parce que nous devons voir notre tante.

_____ Nous sommes fatiguées.

_____ On va voir un concert de Eminen.

8. _____ Oui, pourquoi pas?

_____ Oui, il fait beau.

_____ Oui, il y a un concert.

PRONONCIATION ET ORTHOGRAPHE

The French vowels /o/ and /u/; question patterns (suite), and the pronunciation of vouloir, pouvoir, devoir, and prendre

CD2-19 **A. Les voyelles françaises (suite).** The vowel sounds /o/ and /u/ are pronounced with rounded lips.

La voyelle /o/

When pronouncing the sound /o/, round your lips and keep your jaw in a firm position so as to avoid making the diphthong /oʷ/ that is common in English.

English	French
hotel	**hôtel**
tow	**tôt**

There are a number of spellings for this sound, including **o** (and **ô**), **au, eau.** Repeat the following words:

au bureau	beau	photo	Pauline
chaud	jaune	jumeaux	piano
nos stylos	chauffeur	vélo	météo

La voyelle /u/

The sound /u/ (spelled **ou, où,** or **oû**) is produced with rounded lips and more tension than its English equivalent, as you can hear in the following:

English	French
sue	**sous**
too	**tout**
group	**groupe**

Listen and repeat the following:

jour	nous écoutons	ouvert	nouvelle
août	rouge	boutique	au-dessous
cours	vous jouez	d'où êtes-vous	retrouver

CD2-20 **B. La combinaison /oi/.** The vowel combination **oi** (or **oy**) is pronounced /wa/. One exception to this pattern is in the word **oignon** where **oi** is pronounced like the **o** in **pomme.** Listen and repeat the following:

moi	vouloir	foyer	loyer
toi	devoir	pouvoir	noir
boîte	oignon	pourquoi	froid
mois	avoir	trois	Renoir

CD2-21 **C. Les questions (suite).** You have already seen how intonation, the rising or falling pitch within a sentence, is used to ask yes/no questions.

a. Listen to the following questions and indicate whether the intonation rises or falls at the end.

	rising	falling
1. Tu veux sortir ce soir?	_____	_____
2. Est-ce que tu aimes faire la cuisine?	_____	_____
3. À quelle heure est-ce que le film commence?	_____	_____
4. Est-ce qu'il joue au tennis?	_____	_____

5. Où est le concert? _____ _____

6. Qui est à l'appareil? _____ _____

7. Vous prenez du café? _____ _____

8. Pourquoi allez-vous au parc? _____ _____

As explained in **Module 2,** yes/no questions such as 1, 2, 4, and 7 have rising intonation. Notice that in questions that ask for information such as 3, 5, 6, and 8, the question word begins at a high level but then the intonation falls.

Listen and repeat the following information questions using the patterns given above.

1. Qu'est-ce que tu fais?

2. Quelle est sa nationalité?

3. Avec qui est-ce que tu vas au cinéma?

4. Comment va-t-il?

5. Quand est-ce que Nicole arrive?

6. D'où venez-vous?

b. Now listen to the intonation of the following questions and mark whether they are yes/no questions or questions that ask for information.

	oui/non	information		oui/non	information
1.	_____	_____	**4.**	_____	_____
2.	_____	_____	**5.**	_____	_____
3.	_____	_____	**6.**	_____	_____

CD2-22 **D. Singulier ou pluriel?** In this module, you were introduced to a number of frequently used irregular verbs such as **vouloir** and **prendre.** These verbs have two stems, one for the **nous/vous** form and one for the other forms. Repeat the conjugation of **vouloir,** noticing the difference between the singular and plural.

je veux	nous voulons
tu veux	vous voulez
il veut	ils veulent

The present-tense conjugation of the verb **pouvoir** is very similar. Listen and repeat.

je peux	nous pouvons
tu peux	vous pouvez
il peut	ils peuvent

Note the two stems of the verb **devoir** as you repeat the following:

je dois	nous devons
tu dois	vous devez
il doit	ils doivent

When pronouncing the forms of the verb **prendre,** contrast the nasal vowel of the singular forms with the **n** sound in the plural.

je prends	nous prenons
tu prends	vous prenez
il prend	ils prennent

Now listen to these sentences and indicate whether the verb you hear is singular or plural.

	singulier	pluriel		singulier	pluriel
1.	_____	_____	5.	_____	_____
2.	_____	_____	6.	_____	_____
3.	_____	_____	7.	_____	_____
4.	_____	_____	8.	_____	_____

Module 6

Qu'est-ce qui s'est passé?

COMPRÉHENSION AUDITIVE

Hier

CD3-2 **Exercice 1. Hier soir.** Look at the pictures to decide whether the people mentioned took part in the following activities yesterday.

> **Modèle:** Vous entendez: J'ai joué au foot. Et Marc?
> Vous dites: *Il n'a pas joué au foot.*

1.

4.

2.

5.

3.

CD3-3 **Exercice 2. Une journée active.** Cédric had a busy day yesterday. Listen to him describe his day and put his activities in the correct order.

A. Le matin.

1. _____   **a.** aller à la salle de sport

2. _____   **b.** partir pour le bureau

3. _____   **c.** parler au téléphone avec son père

4. _____   **d.** lire le journal

5. _____   **e.** prendre le petit déjeuner

CD3-4 **B. L'après-midi.**

1. _____   **a.** prendre l'apéro avec des copains

2. _____   **b.** retourner au bureau

3. _____   **c.** rencontrer des clients au restaurant

4. _____   **d.** écrire des lettres et parler au téléphone

5. _____   **e.** avoir deux réunions

Comment raconter une histoire (introduction)

CD3-5 **Exercice 3. Au stade de foot.** Cédric is at the football stadium with friends. While he and his friends are talking, he overhears a number of conversations going on around him. First stop the CD to read the reactions listed here. Then listen to the comments and select an appropriate reaction.

Nouveau vocabulaire:

l'Olympique de Marseille (l'OM)   *French soccer team*
Manchester United   *British soccer team*
battu   *beat*

1. _____   **a.** Oh là là! C'est pas vrai!

2. _____   **b.** Pourquoi pas? Bon, alors, voilà, c'est comme ça…

3. _____   **c.** Ah oui? Qu'est-ce qui s'est passé?

4. _____   **d.** Vraiment? Félicitations!

5. _____   **e.** Mais comment ça? Ils sont nuls!

Now listen to the comments and reactions on the CD.

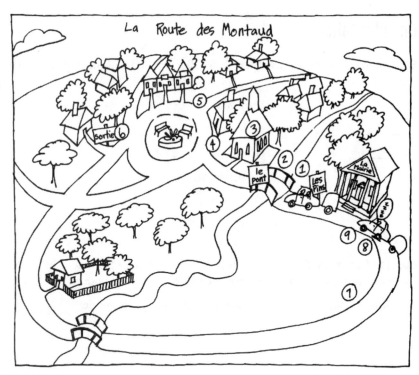

CD3-6 **Exercice 4. La route des Montaud.**
Listen to M. Montaud talk about
his ill-fated trip to **Les Pins.** Trace
the route with your pencil.

CD3-7 **Exercice 5. Chez le commissaire de police.** In the course of investigating Alain's friend Marc, the police have
brought Alain in for questioning.

A. Listen to the policeman's questions and jot down Alain's answers as if you were taking notes for a police report.

> **Modèle:** Vous entendez: —Qu'est-ce que vous avez fait hier soir?
> —Je suis allé au bar.
> Vous écrivez: *Il est allé au bar.*

Notes

1. _____

2. _____

3. _____

4. _____

5. _____

6. _____

7. _____

B. Now your superior is questioning you about the investigation. Refer to your notes to respond orally to his
questions during the pause. Then listen to the complete dialogue to verify your answers.

Les informations

CD3-8 **Exercice 6. Comment se renseigner?** You will hear a series of incomplete sentences. Select the appropriate completions.

1. _____   a. *Paris Match*
2. _____   b. au kiosque
3. _____   c. le journal télévisé est pour vous
4. _____   d. un hebdomadaire
5. _____   e. un quotidien
                f. *Le Monde*

CD3-9 **Exercice 7. Les nouvelles.** Listen to the following segments from news broadcasts and assign them to the appropriate news category. Try to write down one or two words you understand from each report (in English or French).

Rubriques: sport, économie, monde, art et culture, gastronomie

1. rubrique: _____

   mots: _____

2. rubrique: _____

   mots: _____

3. rubrique: _____

   mots: _____

4. rubrique: _____

   mots: _____

5. rubrique: _____

   mots: _____

Personnages historiques

CD3-10 **Exercice 8. Jean-Jacques Rousseau–Chronologie de sa vie.** Listen to the following short biography of the French writer and philosopher Jean-Jacques Rousseau and fill in the missing information.

Nouveau vocabulaire:

la lingère	*the washer woman*	une œuvre	*a work*
juste après	*right after*	sans	*without*
la naissance	*the birth*		

1. Jean-Jacques Rousseau a écrit sur beaucoup de thèmes importants: la liberté, l'égalité, la démocratie, la nature

   et _____.

2. Il est né à Genève en _____. Sa _____ est morte juste après sa naissance.

3. Il _____ eu d'éducation traditionnelle.

4. En 1728, à l'âge de 16 ans, il _____ Genève sans la permission de son père. Il

_____ en France.

5. En 1740, il _____ secrétaire d'ambassade à Venise.

6. En 1745, à 33 ans, il _____ sa liaison amoureuse avec la lingère de son hôtel. Ils

_____ plusieurs enfants ensemble sans se marier.

7. Pendant cette période, il _____ Voltaire, Diderot et d'autres philosophes de son époque.

Les femmes aristocrates _____ ces intellectuels dans leurs salons pour discuter des idées importantes de l'époque.

8. En _____, il a écrit *Du Contrat social,* une œuvre importante sur la politique.

9. Il _____ en 1778, après un exil en Angleterre.

PRONONCIATION ET ORTHOGRAPHE

Comparing the pronunciation of French and English cognates, listening for past-tense endings

CD3-11 **A. Mots apparentés.** As you have already seen, French and English have many words in common. A number of these words share a common suffix whose pronunciation differs slightly. Learning these cognates in groups will dramatically increase your French vocabulary.

■ **-tion.** English words ending in *-tion* generally have a French equivalent. French words with this suffix are always feminine. When pronouncing them, be sure to avoid producing the *sh* sound of the English equivalent.

Listen to the following words pronounced in English and then in French. Notice that in the French words, each syllable is evenly stressed.

English	French
nation	**nation**
equitation	**équitation**
pollution	**pollution**

Now repeat the following words:

la nation	l'évaluation
la réputation	la promotion
la motivation	l'institution
la caution	la fédération
l'obligation	l'organisation

■ **-ité.** Another common French ending is **-ité,** equivalent to *-ity* in English. This is also a feminine ending that refers generally to abstract ideas.

Compare the English and French pronunciation of the following words. Notice that the English words have stressed and unstressed syllables, whereas the syllables in the French words are evenly stressed.

English	French
capacity	**capacité**
morality	**moralité**
possibility	**possibilité**

Now repeat after the French model, making sure not to reduce any of the vowels. The primary stress will fall on the final syllable.

la liberté	la fatalité
l'égalité	la finalité
la fraternité	l'identité
l'amitié	la personnalité
la vérité	l'inflexibilité

■ **-isme.** The ending -isme, a third suffix shared by French and English, is frequently associated with social, political, and religious institutions. Words with this ending are always masculine.

Repeat the following words:

le communisme	le christianisme
le capitalisme	le libéralisme
le populisme	le socialisme
le bouddhisme	l'hindouisme

CD3-12 **B. Test d'orthographe.** Write out the following cognates. Each word will be read twice.

1. _____ 5. _____

2. _____ 6. _____

3. _____ 7. _____

4. _____ 8. _____

CD3-13 **C. Passé ou présent?** French has several cues to let you know whether a speaker is talking about the past or the present. Among these are context, adverbs (**hier, la semaine dernière, déjà**), the auxiliary verb (**être** or **avoir**), and the past participle. Because **-er** verbs are so common, the **-é** sound at the end of a phrase group is an excellent cue to listen for.

Listen to the following sentences and indicate whether they are about the past or the present by marking the appropriate box.

	présent	passé		présent	passé
1.	_____	_____	5.	_____	_____
2.	_____	_____	6.	_____	_____
3.	_____	_____	7.	_____	_____
4.	_____	_____	8.	_____	_____

CD3-14 **D. Dictée partielle.** What happened Saturday evening? The selection will be read once with pauses for you to write what you hear and a second time without pauses for you to check your work.

Samedi soir, nous nous sommes bien amusés. Des copains _____[1] et nous avons tous dîné ensemble. Jacquot _____[2] sa collection de CD et Hervé _____[3] du vin. Moi, _____[4] des spaghettis et une salade. On _____[5] de la musique pendant le dîner. Puis Juliette a commencé à chanter. Jacquot _____[6] ses disques de _____[7] et on a dansé. Vers une heure du matin, le vieux couple d'à côté, s'est plaint (complained) du bruit. On a donc coupé la musique et _____[8].

Module 7

On mange bien

Manger pour vivre

CD3-15 **Exercice 1. Les cinq groupes alimentaires.** Food is a popular topic of conversation. Identify the category of the food item you hear mentioned in the sentences that follow.

légumes	fruits	produits laitiers	viandes	céréales
1. _____	_____	_____	_____	_____
2. _____	_____	_____	_____	_____
3. _____	_____	_____	_____	_____
4. _____	_____	_____	_____	_____
5. _____	_____	_____	_____	_____
6. _____	_____	_____	_____	_____
7. _____	_____	_____	_____	_____
8. _____	_____	_____	_____	_____
9. _____	_____	_____	_____	_____
10. _____	_____	_____	_____	_____

Les courses: un éloge aux petits commerçants!

CD3-16 **Exercice 2. Chez les petits commerçants.** Listen to the following shopping conversations and identify where each takes place.

1. au marché	à l'épicerie	à la boulangerie	à la charcuterie
2. au marché	à l'épicerie	à la boulangerie	à la charcuterie
3. au marché	à l'épicerie	à la boulangerie	à la charcuterie
4. à la boucherie	à l'épicerie	à la boulangerie	à la charcuterie

L'art de la table

CD3-17 **Exercice 3. Un repas en famille.** The Mauger family is preparing dinner. Listen to the bits of conversation recorded here and decide whether they're logical (**logique**) or illogical (**illogique**).

1. **a.** logique   **b.** illogique   4. **a.** logique   **b.** illogique

2. **a.** logique   **b.** illogique   5. **a.** logique   **b.** illogique

3. **a.** logique   **b.** illogique   6. **a.** logique   **b.** illogique

CD3-18 **Exercice 4. Un dîner spécial.** You invite your boyfriend or girlfriend for dinner with your family. Unfortunately, your little brother is misbehaving at the table. Tell him what to do or not to do in the situations you hear. Then compare your statement to the one given.

> **Modèle:**   Vous entendez: Il commence à manger avant les autres.
> Vous dites: *Ne commence pas à manger avant les autres.*

Les plats des pays francophones

CD3-19 **Exercice 5. Une liste de courses.** Your housemate reads out a list of ingredients for **salade niçoise.** Check off the items on your shopping list that you need for this dish.

_____ poivron jaune	_____ poivron vert	_____ mayonnaise
_____ salade	_____ oignons	_____ vinaigre
_____ pommes de terre	_____ haricots verts	_____ huile d'olive
_____ tomates	_____ moutarde	_____ citron
_____ concombre	_____ filets d'anchois	_____ oranges
_____ carottes	_____ poivre	_____ sel

Comment se débrouiller au restaurant

CD3-20 **Exercice 6. Est-ce qu'ils ont soif ou faim?** Listen to the orders and indicate if the person is thirsty or hungry.

1. il a soif   il a faim   4. elles ont soif   elles ont faim

2. elle a soif   elle a faim   5. il a soif   il a faim

3. ils ont soif   ils ont faim

CD3-21 **Exercice 7. Avant de faire la commande.** A couple is dining out. Listen to the first remark or question and select the most appropriate follow-up. Then listen to the response given to check your answer.

1. **a.** Non, je n'en ai pas.

   b. Non, je ne l'ai pas.

2. **a.** Je ne sais pas. L'écriture *(printing)* est trop petite. Je ne peux pas la lire.

   b. Je ne sais pas. L'écriture est trop petite. Je ne peux pas le lire.

3. **a.** Non, je les ai laissées à la maison.

   b. Non, je l'ai laissées à la maison.

4. **a.** Oui, je les aime bien!

   b. Oui, j'aime les bien!

5. **a.** Bon, je prends ça.

   b. Bon, je la prends.

6. **a.** Vas-y! Je t'écoute!

   b. Vas-y! Tu m'écoutes!

PRONONCIATION ET ORTHOGRAPHE

Distinguishing between **du, des,** and **de;** la lettre **h**

CD3-22 **A. De/du/des.** In using partitive articles, you need to clearly distinguish **du, des,** and **de.**

You have already practiced the **e** sound in **des** in **Module 4;** remember to pronounce /e/ with more muscular tension than in English. Listen and repeat.

des amis	des céréales	des entrées
des pommes	mangez des légumes	

The **u** in **du** is a high vowel that does not exist in English. A simple way to learn to pronounce this sound is to begin by pronouncing the French vowel **i** and then to round your lips. When you pronounce this sound, whose phonetic alphabet symbol is /y/, your jaws are steady and the tip of your tongue is behind your lower teeth. Remember to make a crisp sound and not to glide. Listen and repeat the following:

du	bureau	occupé	musée
musique	d'habitude	numéro	une jupe

The **e** of **de** is lower and more relaxed, similar to the *schwa* /ə/ in English. It is also called **e instable** because it is sometimes not pronounced and it contracts when followed by a vowel sound. This contraction is know as **élision.** Repeat the following:

pas de café	de la salade	trop de sucre
pas d'eau	de l'eau	une tasse de thé

Now listen to the following advice on breakfast from a nutritionist and underline the article you hear.

Si vous avez une vie active, il vous faut un petit déjeuner vitaminé. Pour commencer, prenez un verre (d', de, du, des) jus d'orange ou si vous préférez, consommez (d', de, du, des) fruits frais. Ils ont beaucoup de vitamine C, important pour la bonne humeur et les muscles. Ajoutez un yaourt pour le calcium et deux tranches (d', de, du, des) pain complet. Les fibres facilitent la digestion. N'utilisez pas (d', de, du, des) beurre; prenez plutôt (de la, de, du, des) margarine. Comme boisson, (d', de, du, des) café ou (d', de, du, des) thé avec (d', de, du, des) lait demi-écrémé. Vous avez encore faim? Prenez (d', de, du, des) œufs—sauf si vous avez (d', de, du, des) cholestérol—ou un petit morceau (d', de, du, des) fromage. Comme ça, vous aurez assez (d', de, du, des) énergie pour une matinée pleine d'activités.

CD3-23 **B. La lettre *h*.** The letter **h** is never pronounced in French. Listen and repeat the following:

thon	histoire	thé
cahier	maths	Nathalie
sympathique	heure	Thierry

Most French words beginning with a mute **h**, or **h muet**, are treated like words beginning with a vowel; you use the singular definite article **l'** and pronounce the liaison with the plural article **les**.

l'horaire   les hommes

In some words—generally of Germanic origin—the **h** is said to be an **h aspiré**. Although it is not actually aspirated, it acts like a consonant, blocking both **élision** and **liaison**.

le homard *(lobster)*   les haricots

Words beginning with **h aspiré** are often marked in dictionaries with an asterisk (*). A few common words with **h aspiré** are **haricot, hors-d'œuvre, hamburger,** and **huit.** Pronounce the following words with **h muet** (and liaison) or **h aspiré** (no liaison) after the speaker.

l'hôpital	les Hollandais	les hors-d'œuvre
le hamburger	l'hiver	les hôtels
dix heures	le hockey	les huit livres
l'homme	l'huile	nous habitons

CD3-24 **C. Dictée partielle.** Holidays are often a time for celebrating with traditional foods. Marie-Élyse talks about what happens to her diet during the holidays. This selection will be read once with pauses for you to write what you hear, and a second time without pauses for you to check your work.

Nouveau vocabulaire:
une bûche de Noël   *cake in the form of a yule log*

D'habitude, j'ai un régime modéré. _____[1] manger

_____[2] et des fruits frais, _____[3] et du yaourt.

Mais pendant les fêtes de fin d'année, _____[4] de résister à la tentation et

_____[5] beaucoup _____[6]. On

_____[7] chez ma grand-mère, chez mes tantes et aussi chez des amis, et

tout le monde prépare _____[8] exceptionnels. Il y a toujours

_____[9], de la dinde ou _____[10], des plats avec des

sauces à _____[11] et au beurre, _____[12] et

naturellement, une belle bûche de Noël. C'est probablement à cause de ces excès

qu'_____[13] de bonnes résolutions le premier janvier.

Module 8

Souvenirs

COMPRÉHENSION AUDITIVE

Souvenirs d'enfance

CD3-25 **Exercice 1. Jean-Claude raconte ses souvenirs d'enfance.** You are going to hear Jean-Claude reminisce about his child-hood. First, stop the recording and study the list of childhood memories given below. Check the **moi** column for the memories that apply to you. Now listen to the recording and check off the memories recalled by Jean-Claude.

Nouveau vocabulaire:

battre	*to hit*
un gamin	*kid (fam)*
grimper aux arbres	*to climb trees*
intimider	*to intimidate*
jouer à cache-cache	*to play hide and seek*
jouer à chat perché	*a game similar to tag*
un tyran	*bully*

	moi	Jean-Claude
1. J'avais une enfance heureuse.	_____	_____
2. Ma mère ne travaillait pas.	_____	_____
3. Beaucoup d'enfants habitaient près de chez nous.	_____	_____
4. J'aimais l'école.	_____	_____
5. Après l'école, j'avais des leçons.	_____	_____
6. Je grimpais aux arbres et je jouais à cache-cache.	_____	_____
7. Il y avait un garçon qui terrorisait les autres enfants.	_____	_____

L'album de photos

CD3-26 **Exercice 2. Un album de classe américain.** Drew, an American living in France, is sharing his high-school yearbook with Nguyen, a French friend. As he answers Nguyen's questions about several pictures, decide which section of the yearbook he is describing.

1. _____   **a.** French club

2. _____   **b.** honor society

3. _____   **c.** student government

4. _____   **d.** cheerleaders

                                  e. most likely to succeed

                                  f. class trip

CD3-27 **Exercice 3. Les vacances en Provence.** Two cousins reminisce about the vacations they spent together in Provence. Before listening to their conversation, stop the recording and select from the elements given to complete the dialogue. Then listen to the recording to verify your answers.

1. NATHAN: Est-ce que tu _____ de nos vacances passées à Toulon chez tante Esther?

   a. réfléchis

   b. te souviens

2. SÉBASTIEN: Oh oui! J'ai de très bons souvenirs de cette époque-là. Si je ferme les yeux, je peux toujours voir le jardin _____ nous jouions.

   a. où

   b. qui

3. NATHAN: Que c'était beau, ce jardin! Et tu te souviens du jour _____ nous avons pris le train pour aller à la plage à Marseille?

   a. où

   b. qui

4. SÉBASTIEN: À Marseille? Tu es sûr _____ c'était moi?

   a. qui

   b. que

  NATHAN: Oui, tu as oublié?

5. SÉBASTIEN: Attends. Ah oui! Ça y est! Quelle histoire! Nous avons rencontré deux filles _____ sont venues au café avec nous. Et après il ne nous restait pas assez d'argent pour le bus. Il a fallu téléphoner à tante Esther.

   a. qui

   b. que

6. NATHAN: Exactement! Et c'est elle _____ a dû venir nous chercher à Marseille. Elle était si fâchée contre nous!

   a. qui

   b. que

Communiquer en famille

CD3-28 **Exercice 4. Mon courrier électronique.** Listen as Brian talks about his e-mail and choose the form of the verb that correctly fits the sentence.

1. lis   lit   lire
2. écrit   écrivent   écrivons
3. dites   disent   dis
4. écris   écrire   écrit
5. dis   dit   dire

CD3-29 **Exercice 5. Votre meilleur(e) ami(e).** Do you communicate regularly with your best friend? Listen to the question and circle the appropriate pronoun to use in your answer. After the question is repeated, respond orally.

> **Modèle:** Vous entendez: Vous donnez des cadeaux d'anniversaire à vos meilleur(e)s ami(e)s?
> Vous choisissez: *leur*
> Vous entendez: Vous donnez des cadeaux d'anniversaire à vos meilleur(e)s ami(e)s?
> Vous dites: *Oui, je leur donne des cadeaux d'anniversaire.*

1. lui   leur   le   la   l'   les

2. lui   leur   le   la   l'   les

3. lui   leur   le   la   l'   les

4. lui   leur   le   la   l'   les

5. lui   leur   le   la   l'   les

Comment comparer (introduction)

CD3-30 **Exercice 6. Brutus et Scoubidou.** Alceste is comparing his dog Brutus with his cousin Jérôme's dog. Fill in +, – or = to indicate how the two dogs compared.

> **Nouveau vocabulaire:**
> un boxer   *a boxer*
> un berger allemand   *a German sheperd*
> féroce   *mean*

	Brutus	**Scoubidou**
1. beau	_____	_____
2. grand	_____	_____
3. féroce	_____	_____
4. patient	_____	_____
5. intelligent	_____	_____
6. gentil	_____	_____

Souvenirs d'une époque

CD3-31 **Exercice 7. Identifiez l'époque!** You will hear people talking about their memories of the era in which they came of age. They are speaking in the order given below. Match each person to the appropriate era.

1. _____ Agnès Montagner   **a.** les années 20

2. _____ Bernard Lévy   **b.** les années d'après-guerre

3. _____ André Chastel   **c.** les années 90

                              d. les années 60

                              e. les années 80

CD3-32 **Exercice 8. Description ou événement?** Listen to the following passages and check whether they are primarily discussing how things were (**description**) or what happened (**événement**).

Nouveau vocabulaire:
à bout de nerfs   *at wit's end*
un coopérant   *teacher's aide*

1. description _____   événement _____

2. description _____   événement _____

3. description _____   événement _____

P R O N O N C I A T I O N   E T   O R T H O G R A P H E

Rhythmic groups, juncture, and linking syllables into sense groups

CD3-33 **A. Le groupe rythmique.** When listening to French, individual word boundaries are blurred in the sound stream. One reason for this is that French groups syllables into larger sense groups called **groupes rythmiques,** which ignore word boundaries. Notice how the following sense groups are divided into syllables.

1. Il est impossible.   I | l es | t im | po | ssible.

2. Patrick est avec Arnaud.   Pa | tri | ck es | t a | ve | c Ar | naud.

3. Ma mère a deux enfants.   Ma | mè | re a | deu | x en | fants.

4. Elle étudie avec Alex.   E | lle é | tu | die | a | ve | c A | lex.

French syllables end in a vowel whenever possible, even when this forces syllables to cross word boundaries. Repeat the following words after the speaker, dividing them into distinct syllables. Draw a vertical line between each syllable.

1. impossibilité   **4.** proposition

2. féroce   **5.** continentale

3. appartement   **6.** adolescence

CD3-34 **B. Joncture *(Juncture).*** In listening to French, you will often hear phrase groups rather than individual words. This is because syllables are frequently divided across word boundaries, causing words to lose their identity in the speech stream.

Listen to the following phrase groups and draw a vertical line separating each syllable. Notice how this division or juncture crosses word boundaries.

Modèle: *I | l es | t im | pa | tient.*

1. Jeanne est ma sœur.

2. Tu parlais avec eux.

3. Notre professeur arrive.

4. Il a vu les autres.

5. Marc a son adresse.

CD3-35 C. Enchaînement consonantique *(Consonant linking).* One of the ways French breaks up words is by **enchaîne-ment,** the linking of the final pronounced consonant of one word to the vowel at the beginning of the next word. This is similar to **liaison,** which links normally silent consonants to the following vowel. Repeat the following phrases after the speaker, marking the links you hear. You will learn more about **liaisons** in the next module.

1. Patrick est intelligent.

2. Ma mère a les articles.

3. Ils écoutent une autre chanson.

4. Anne étudie les arts.

CD3-36 D. Trouvez les groupes rythmiques. It is important to be able to divide a stream of speech into phrase groups. You can recognize these groups by paying attention to the following features:

1. The final syllable of each phrase group is stressed, that is, longer and sometimes louder.

2. If the phrase group is in the middle of a sentence, it is marked by a slight rise in intonation; at the end of a sentence it falls except for yes/no questions, which rise.

Listen to the following passage, marking the **groupes rythmiques** with a slash (/).

J'étais un enfant assez solitaire; je n'avais pas de frères ou de sœurs. C'est pourquoi j'ai inventé un ami imaginaire qui s'appelait Marcus. Marcus m'accompagnait partout, mais je lui parlais seulement quand nous étions seuls. Mes parents ne savaient pas que j'avais un tel copain.

Now repeat each **groupe rythmique** during the pause.

À la découverte du monde francophone

COMPRÉHENSION AUDITIVE

Les pays francophones

CD4-2 **Exercice 1. Travaillons avec les Médecins sans frontières.** Pierre and his brother are joining **Médecins sans frontières** *(Doctors without Borders)*. Listen to their conversation and check off the countries they mention as possible assignments.

Nouveau vocabulaire:
un camp de réfugiés   *refugee camp*
primordial   *of the utmost importance*
dispensaire   *clinic*

_____ l'Ouganda

_____ le Mozambique

_____ la République démocratique du Congo

_____ le Ruanda

_____ le Vietnam

_____ le Cambodge

_____ le Laos

_____ le Mexique

_____ la Bolivie

_____ le Pérou

_____ le Honduras

_____ l'Éthiopie

CD4-3 **Exercice 2. Une leçon de géographie.**
You will hear the beginning of a statement about the geography of the **République démocratique du Congo** followed by three possible endings. Refer to the map and choose **a, b,** or **c** to complete each statement accurately.

	a	b	c
1.	_____	_____	_____
2.	_____	_____	_____
3.	_____	_____	_____
4.	_____	_____	_____
5.	_____	_____	_____
6.	_____	_____	_____

Now listen and check your answers.

Comment comparer (suite)

CD4-4 **Exercice 3. Un congrès *(conference)* francophone.** Participants at an international francophone conference are discussing their countries. Listen to their comments and then indicate whether each statement is **vrai** or **faux.**

Nouveau vocabulaire:

un diamant	*diamond*
l'Europe occidentale	*western Europe*
auparavant	*before, in earlier times*
désertification	*deforestation*

1. La Suisse a autant de francophones que de Suisses-Allemands.   **vrai**   **faux**

2. Il y a bien moins de gens qui y parlent italien.   **vrai**   **faux**

3. Montréal est la plus grande ville du Canada.   **vrai**   **faux**

4. La plus grande quantité de diamants industriels se trouvent en Afrique du Sud.   **vrai**   **faux**

5. La République démocratique du Congo est aussi grande que l'Europe occidentale.   **vrai**   **faux**

6. Il y a moins de forêts au Sénégal qu'auparavant à cause de la désertification.   **vrai**   **faux**

Les moyens de transport

CD4-5 **Exercice 4. Quel moyen de transport préfèrent-ils?** Listen to the following descriptions and choose how each person likes to travel.

1. _____   **a.** en métro

2. _____   **b.** en voiture

3. _____   **c.** en bateau

4. _____   **d.** en auto-stop

5. _____   **e.** en train

6. _____   **f.** à pied

Les vacances de vos rêves

CD4-6 **Exercice 5. Une visite à La Nouvelle-Orléans.** Denis and his friend Jean-Marc talk about New Orleans.

A. Listen to their conversation once and select the correct response.

1. Denis va aller à La Nouvelle-Orléans…

   a. pour travailler.

   b. en vacances.

   c. pour aller voir une amie.

2. Jean-Marc ne parle pas…

   a. de la musique.

   b. de la cuisine.

   c. de l'histoire de la ville.

   d. des sports populaires.

Check now to see if you got the main ideas.

B. Listen again and complete each sentence with the best answer.

1. Jean-Marc connaît cette ville parce qu(e)…

    a. il y habite.

    b. il l'a visitée.

    c. sa cousine y est étudiante.

2. Si on prend le tramway on peut voir…

    a. le Mississippi.

    b. un quartier français.

    c. un beau quartier historique.

3. La Nouvelle-Orléans a un quartier français parce qu(e)…

    a. la Louisiane était une colonie française.

    b. la ville est très ancienne.

    c. il y a de bons restaurants.

Listen to check your answers.

CD4-7 **Exercice 6. Vacances d'hiver.** On a ski vacation, you try to impress someone you have just met by telling him/her that you know all the following things. In your statement, choose between **je sais** and **je connais**.

Nouveau vocabulaire:

un remonte-pente	*ski lift*
un moniteur de ski	*ski instructor*
les pistes	*slopes*

Modèle: Vous entendez: faire du bobsleigh
                  Vous choisissez: *je sais*
                  Vous entendez: faire du bobsleigh
                  Vous dites: *Je sais faire du bobsleigh.*
                  Vous entendez: Je sais faire du bobsleigh.

	je sais	je connais
1.	_____	_____
2.	_____	_____
3.	_____	_____
4.	_____	_____
5.	_____	_____
6.	_____	_____

Comment demander des renseignements à l'agence de voyages

CD4-8 **Exercice 7. À l'agence de voyages.** You are filling in for a friend who works at a travel agency. You answer the phone and take down client information on the form she left you so she can return the calls later.

Nom _____

No. de téléphone _____

Destination finale _____

Date prévue _____

Réservations   avion   train   hôtel   location de voiture

PRONONCIATION ET ORTHOGRAPHE

Liaison: pronunciation of s and r

CD4-9 **A. Liaison.** Some final letters that are normally silent are pronounced when the following word begins with a vowel. This is called **liaison,** a phenomenon that links words together in phrases as in the following examples.

articles	**pronoms sujets**
les étudiants	vous êtes
un examen	ils ont
les enfants	on aime
un avocat	elles habitent
un homme	nous allons

adverbes et adjectifs	**verbe être**
très important	c'est important
mon appartement	il est ici
le petit enfant	elle est anglaise
de bonnes idées	

CD4-10 **B. La lettre s.** As you can hear in the word **saison,** the letter **s** may be pronounced /s/ or /z/, depending on the sounds that surround it. Note how the two pronunciations of **s** result in a clear differentiation of the meaning of the following pairs:

/s/	/z/
le dessert	le désert
le poisson	le poison
ils sont	ils ont

Listen to the words or phrases and indicate whether you hear /s/ or /z/.

/s/	/z/

1. _____   _____

2. _____   _____

3. _____   _____

4. _____   _____

5. _____   _____

6. _____   _____

The letter **s** is pronounced /s/ at the beginning of a word and when it is followed by another **s.** Repeat the following words:

ma sœur	suisse	la salle de classe	faire du ski
la savane	ils sont	ils savent	le saucisson
le sud	le poisson	nous sommes	une salade

When the letter **s** is between two vowels or followed by **e,** it is pronounced /z/. Note the liaison in the words of the final column. Repeat the following words:

valise	cuisine	musée	les autres
réserver	amusant	désolé	nous habitons
casino	nerveuse	quelque chose	vous aimez

CD4-11 **C. La consonne r.** The standard French **r** sound is made in the back of the throat at the uvula. Listen and compare the English–French pairs below.

English	French
rose	**rose**
metro	**métro**
pour	**pour**

To articulate this French **r,** keep the tip of your tongue behind your lower teeth and raise the back of your tongue enough to allow a small amount of air to pass through. Now listen and repeat the following:

très	métro	rural	nord
rentrer	train	averse	région
réserver	partir	grand	désert
retour	transport	agricole	rapide

The uvular pronunciation of **r** is relatively modern; prior to the eighteenth century, the **r** was rolled with the tip of the tongue. The **r roulé,** similar to that used in Spain and Italy, continues to be used in many French-speaking areas of the world today such as southern France, Canada, and Africa.

Listen to the following words pronounced first by an African speaker and then by a Parisian.

Je préfère les robes rouges.
Le frère de mon ami Richard est vraiment nerveux.

Module 10

La maison et la routine quotidienne

COMPRÉHENSION AUDITIVE

La vie de tous les jours

CD4-12 **Exercice 1. Activités logiques.** Karima is describing several activities of her daily routine. If the actions she describes are in logical order, mark **oui.** If not, mark **non.**

	oui	non
1.	_____	_____
2.	_____	_____
3.	_____	_____
4.	_____	_____
5.	_____	_____
6.	_____	_____

CD4-13 **Exercice 2. À huit heures du matin.** It's 8 a.m. at the apartment Mireille, Rosemarie, and Annie share. Answer the questions you hear according to the picture.

Modèle: Vous entendez: Est-ce que Mireille se couche à huit heures?
Vous dites: *Non, elle ne se couche pas. Elle se réveille.*

1. _____

_____

2. _____

_____

3. _____

_____

4. _____

_____

5. _____

_____

6. _____

_____

CD4-14 **Exercice 3. Le soir à la résidence.** Roger is talking about the evening activities in his dorm. Listen to hear if the action described happens routinely (expressed in the present tense) or if it occurred yesterday (**passé composé**). Circle **d'habitude** or **hier** as needed.

1. d'habitude   hier

2. d'habitude   hier

3. d'habitude   hier

4. d'habitude   hier

5. d'habitude   hier

6. d'habitude   hier

La maison, les pièces et les meubles

CD4-15 **Exercice 4. La maison de Chantal.** Chantal is describing the different rooms in the house she shares with friends. Identify each part of the house she describes.

1. _____   **a.** la salle de séjour

2. _____   **b.** la cuisine

3. _____   **c.** la salle à manger

4. _____   **d.** la chambre

5. _____   **e.** la salle de bains

                                 f. le garage

                                 g. les WC

                                 h. la terrasse

Les tâches domestiques

CD4-16 **Exercice 5. Rangeons la maison.** You need help around the house. In the blank, write the letter of the element that completes the statements you hear.

    Nouveau vocabulaire:
les poils de chat   *cat hair*

1. _____   **a.** la vaisselle

2. _____   **b.** le balai

3. _____   **c.** faire ton lit

4. _____   **d.** vider

5. _____   **e.** passer l'aspirateur

Comment trouver le mot juste

CD4-17 **Exercice 6. Entre nous.** You will hear several short conversational exchanges. Complete each one with an appropriate expression, as in the model. The conversation will be repeated for you to verify your answer.

> **Modèle:** Vous entendez: —Maman, je vais chez Micheline.
> —À quelle heure est-ce que tu rentres?
> —Vers huit heures.
> —D'accord. _____
> Vous choisissez: *f. Amuse-toi bien.*

1. _____   **a.** Tu me manques terriblement.

2. _____   **b.** Dépêche-toi!

3. _____   **c.** Fais de beaux rêves.

4. _____   **d.** Chapeau!

5. _____   **e.** Bon appétit, tout le monde!

                            f. Amuse-toi bien.

Comment se plaindre

CD4-18 **Exercice 7. Stéphane et Annick.**

A. Listen to Annick as she talks about her boyfriend Stéphane. Then check off the statements that describe Stéphane.

> **Nouveau vocabulaire:**
> à la lueur des chandelles   *by candlelight*
> gêner   *to bother*

_____ Il n'a pas d'amis.

_____ Il n'a rien en commun avec Annick.

_____ Il aime le jazz.

_____ Il prépare souvent des dîners romantiques.

_____ Il ne fait plus la vaisselle.

_____ Il fait le ménage.

_____ Il préfère travailler dans le jardin.

_____ Il regarde souvent la télé.

B. Now listen to Stéphane as he describes Annick. Check off the statements that are true according to Stéphane.

_____ Elle passe trop de temps à ranger la maison.

_____ Elle passe trop de temps devant la télévision.

_____ Elle ne fait jamais la lessive.

_____ Elle a refusé d'aller à la plage.

_____ Elle n'aime plus rester à la maison.

_____ Elle ne veut sortir avec personne.

CD4-19 **Exercice 8. Qu'est-ce qui l'énerve?** Camille is feeling stressed out today and everything is getting on her nerves. First, read through the annoyances Camille has had to face today. Then, listen to her reactions and match them to the appropriate event.

1. _____

    a. Son petit frère lui demande pour la cinquième fois de l'emmener chez son copain.

2. _____

    b. Sa co-locataire met la radio trop fort.

3. _____

    c. Son petit ami ne peut pas l'aider parce qu'il va au match de football.

4. _____

    d. Elle doit écrire trois rédactions ce week-end.

5. _____

    e. Sa voiture est tombée en panne *(broke down)* encore une fois.

PRONONCIATION ET ORTHOGRAPHE

The vowels /i/ and /y/; the letters c and g and the letter combination qu; and liaison (suite)

CD4-20 **A. Les voyelles *i* et *u*.** As you have already seen, vowels in French are produced with greater tension than English vowels. Another characteristic of the vowels **i** and **u** is their height; they are produced with the back of the tongue quite near the roof of the mouth. Compare, for example, the English name Lee and the French word **lit** with its higher vowel.

    Lee   lit

Identify the words you hear as either being English or French.

1. anglais   français

2. anglais   français

3. anglais   français

4. anglais   français

5. anglais   français

In the case of /y/, a sound which has no English equivalent, the height of the vowel is most clear when contrasted with French words containing the combination **ou.** This contrast in sound also results in a change of meaning. Repeat the following pairs, making sure to raise the height of your tongue as you pronounce /y/.

sous	su
tout	tu
loue	lu
vous	vu
doux	du
nous	nu

Now repeat the following phrases, paying particular attention to the high vowels.

ils lisent	vous avez lu	ils écrivent
tu as lu	nous avons dit	elle a répondu
tu dis «oui»	Qui a dit «Salut»?	j'ai écrit un livre

CD4-21 **B. Les lettres *c* et *g*.** The letters **c** and **g** have two pronunciations, one "hard" and one "soft," depending primarily on the letters that follow.

When followed by **a, o, u,** or another consonant, **c** and **g** have a hard sound, as in the following words.

comme	goût	cours	golf
canapé	figure	cuisine	guerre
cuillère	grand	gâteau	classe

When followed by **e, i,** or **y,** they have a soft sound. Repeat after the model.

voici	gens	centre	intelligent
cerise	il gèle	généreux	célèbre
Cyrano	linge	accident	régime

CD4-22 **C. La combinaison *qu*.** The letter combination **qu** is usually pronounced with a hard **k** sound in French. Repeat the following after the speaker.

quand	quelque	quartier	quantité
qui	bibliothèque	se maquiller	Monique
que	quotidien	question	quitter

CD4-23 **D. Liaison (suite).** In **Module 9,** you were introduced to the linking phenomenon known as **liaison,** in which a usually silent consonant at the end of a word is pronounced when the word that follows it begins with a vowel sound.

des hommes	ils ont	mon petit ami

Because a **liaison** joins words in groups, it is found in numerous fixed expressions. Repeat the following expressions, making the **liaison** as indicated.

de moins en moins	de plus en plus	les États-Unis
tout à fait	tout à l'heure	bon anniversaire
vingt ans	petit à petit	je vous en prie
comment allez-vous	l'accent aigu	de temps en temps

Note, as you repeat after the speaker, that there is never a **liaison** after **et.**

français et anglais	Paul et Isabelle	vingt et un
x	x	x

Module 11

Voyager en France

COMPRÉHENSION AUDITIVE

Paris, j'aime!

CD4-24 **Exercice 1. Paris-Visite.** You are about to hear the guide on the Paris-Visite tour bus point out famous Parisian sites. As you listen, trace the route with a pencil and circle the monuments and sites mentioned.

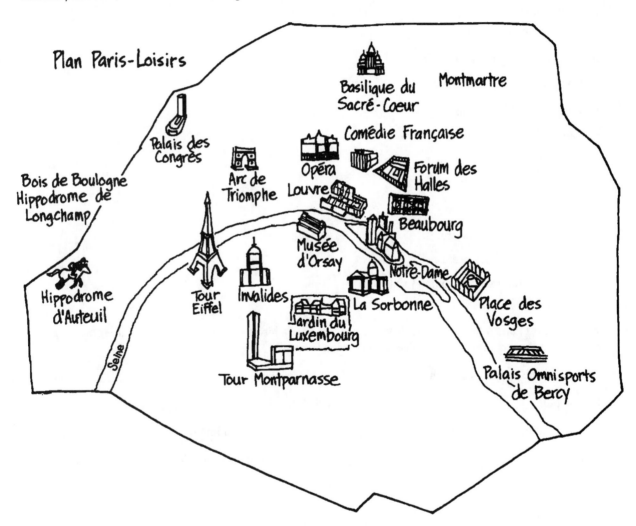

CD4-25 **Exercice 2. Compagnons de voyage.** Carole and Dominic, who traveled from their home in the south of France to visit Paris, are ill-matched travel companions. Listen to their conversation. For each suggestion made by one, give the objection made by the other.

Nouveau vocabulaire:

les foules — *crowds*
têtu(e) — *stubborn*
faire la queue — *to wait in line*
un cimetière — *cemetery*
une tombe — *grave*

1. le musée Picasso

   a. Il est trop salé.

   b. Dominic n'aime pas Picasso.

   c. Ils ont déjà visité un musée Picasso.

2. le Grand Louvre

   a. Carole l'a visité quand elle était petite.

   b. Dominic n'aime pas l'art traditionnel.

   c. Dominic n'aime pas les foules.

3. le cimetière du Père Lachaise

   a. Carole n'aime pas les Doors.

   b. Carole n'aime pas les cimetières.

   c. Carole n'aime pas les fleurs.

4. Giverny

   a. Dominic n'aime pas les jardins.

   b. Carole n'aime pas les jardins.

   c. Carole aimerait mieux le voir au printemps.

CD4-26 **Exercice 3. Visitez Paris d'en haut *(from above).*** If you are after a bird's-eye view of Paris, here are some suggestions. Listen to the recording and complete the following sentences.

1. Pour arriver au sommet de la tour Eiffel, on prend l'ascenseur jusqu'au _____ étage.

2. C'est le plus _____ point de vue de la ville.

3. Quand il fait beau, on peut voir jusqu'à _____ kilomètres.

4. Ce monument est aussi ouvert la _____ pour les romantiques.

Comment se repérer en ville

CD4-27 **Excercice 4: Pardon, monsieur. Je cherche…** A tourist just finished shopping at the Galeries Lafayette. Now, he is receiving directions on how to get to his next destination. Where does he want to go? Listen to the directions and choose from the following destinations: **la Gare Saint Lazare, l'Hôtel de Ville, le Palais de l'Élysée, le Musée du Louvre, le Musée d'Orsay,** and **l'Opéra.**

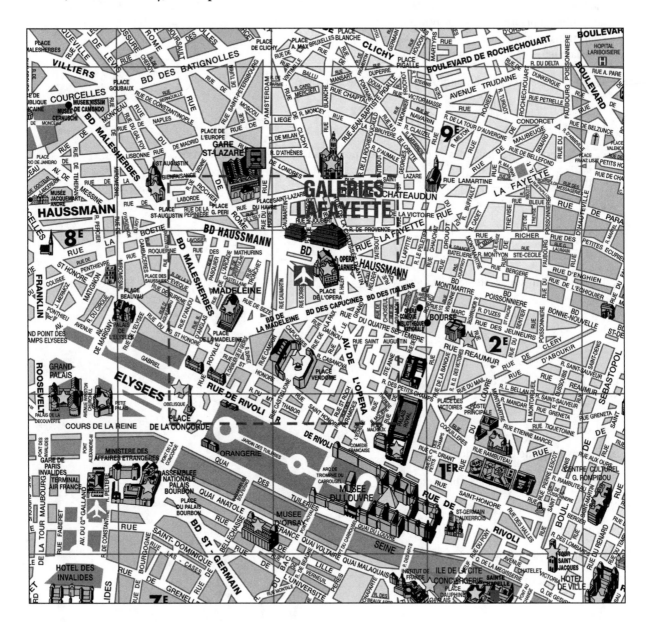

Voyager pas cher

CD4-28 **Exercice 5. Voyager pas cher.** Listen to the following suggestions for economizing on museum visits and mark the correct answers.

Nouveau vocabulaire:

faciliter	*to facilitate*
accès libre et prioritaire	*priority access*
collections permanentes	*permanent collections*
faire la queue	*to stand in line*

1. La Carte musées et monuments offre la possibilité de visiter _____.

   a. le Palais de Versailles

   b. la Bibliothèque Nationale

   c. les collections permanentes de 65 musées et monuments de la région parisienne.

2. Cette carte offre _____ options.

   a. 2

   b. 3

   c. 4

3. Une carte pour une visite de trois jours coûte _____ euros.

   a. 12

   b. 32

   c. 25

4. On ne peut pas acheter cette carte _____.

   a. au bureau de poste

   b. dans les musées et monuments

   c. dans les principales stations de métro

5. Avec cette carte, vous n'avez pas besoin d(e) _____.

   a. faire la queue

   b. montrer votre carte d'étudiant

   c. acheter de billet de métro

Comment réserver une chambre d'hôtel

CD4-29 **Exercice 6. Téléphonons à l'auberge de jeunesse.** Luc and Mathias are trying to find a youth hostel where they can stay in Paris. They call a hostel a friend recommended to see if there's room. Fill out Luc's missing notes.

Nouveau vocabulaire:
un couvre-feu *curfew*

Auberge d'Artagnan

1. Ils ont de la place pour _____ personnes.

2. La réception reste ouverte jusqu'à _____.

3. L'adresse est _____ Vitrave.

4. C'est près de la gare _____.

5. Il faut prendre la ligne du métro _____.

6. Le prix, c'est _____.

7. L'auberge reste ouverte _____.

La France et ses régions

CD4-30 **Exercice 7. Soyez les bienvenues en Provence!** As a tour bus approaches Provence, the guide begins lauding its virtues. Listen to the recording and indicate whether the following statements are true or false.

Nouveau vocabulaire:

une escale	*a stopover*
ombragé	*shaded*
un pastis	*popular regional drink*
les ruines romaines	*Roman ruins*

1. La Provence est populaire surtout avec les touristes japonais. **vrai** **faux**

2. La Provence a des ruines romaines célèbres. **vrai** **faux**

3. Marseille est l'ancienne capitale de la Provence. **vrai** **faux**

4. Aix-en-Provence a une ancienne cathédrale, mais pas d'université. **vrai** **faux**

5. De grands arbres bordent l'avenue qui s'appelle le Cours Mirabeau. **vrai** **faux**

6. Le festival de musique d'Aix se passe pendant le mois de juin. **vrai** **faux**

7. Paul Cézanne a peint la montagne Sainte-Victoire près d'Aix. **vrai** **faux**

L'identité française

^{CD4-31} **Exercice 8. À quoi croire?** Docteur Ponge, a French psychoanalyst, has recently conducted a study on French attitudes regarding religion and the supernatural. Listen to his interview on **Radio Luxembourg** and mark whether the following sentences are true or false.

Nouveau vocabulaire:

pratiquant	*practicing (a religion)*
le surnaturel	*supernatural*
un OVNI	*unidentified flying object*
améliorer	*to improve*
une soucoupe volante	*flying saucer*
controversé(e)	*controversial*

1. La plupart des Français croient en Dieu.   **vrai**   **faux**

2. La France est un pays catholique par tradition.   **vrai**   **faux**

3. Les Français vont régulièrement à l'église.   **vrai**   **faux**

4. Les jeunes sont moins croyants que les adultes.   **vrai**   **faux**

5. La théorie de l'évolution est controversée chez les Français.   **vrai**   **faux**

6. Les femmes sont typiquement plus croyantes que les hommes.   **vrai**   **faux**

7. En général, les hommes s'intéressent plutôt aux phénomènes technologiques paranormaux.   **vrai**   **faux**

8. Le judaïsme est la deuxième religion en France.   **vrai**   **faux**

PRONONCIATION ET ORTHOGRAPHE

Pronouncing future-tense endings: the nasal vowels /ɔ̃/ and /ɑ̃/; producing /p, t, k/ without aspiration

^{CD4-32} **A. Le futur.** You have already seen that French vowels are produced with more tension. When pronouncing verbs conjugated with **je** and **vous** in the future tense, the final vowel must be tense and high.

The endings of the following verbs are pronounced the same. Listen and repeat.

je parlerai	vous parlerez
j'irai	vous irez
je prendrai	vous prendrez
je ferai	vous ferez
je serai	vous serez

^{CD4-33} **B. Les voyelles nasales /ɔ̃/ et /ɑ̃/.** The **nous** form of the future ends with the nasal vowel /ɔ̃/. This sound corresponds to the written letters **on** and **om** found in words such as **bon, ton,** and **combien.** To produce this sound, round your lips as you would to pronounce **beau;** put the tip of your tongue against your lower teeth and raise the back of your tongue towards the soft part of the roof of your mouth (the soft palate). Now let the air escape through your mouth and through your nose. Repeat the following words after the speaker.

bon	iront
parlerons	son
arriverons	compterons
chantons	non

If you try to produce the nasal vowel /ɔ̃/ without rounding your lips, you will produce the nasal vowel /ɑ̃/. This sound corresponds to the written letter combinations **an, am, en,** and **em** found in words such as **chambre, vent,** and **sans.** It is produced with the tip of the tongue against the lower teeth, but with the lips spread instead of rounded.

Pronounce the following words that contain the sound /ɑ̃/.

an	vent
chante	prudent
lent	rendent
tante	sans

It is important to be able to discriminate between the /ɔ̃/ and the /ɑ̃/, as this can make a difference in the word you hear. Look at the following word pairs and circle the one that is pronounced.

/ɑ̃/ (tante)	/ɔ̃/ (non)
1. vent	vont
2. sans	son
3. ayant	ayons
4. parlant	parlons
5. lent	long
6. tant	ton
7. étudiant	étudions

CD4-34 **C. Les consonnes *p, t, k*.** When you pronounce the consonants **p, t,** and **k,** in English you produce a puff of air. This can be demonstrated by holding a piece of paper loosely up to your mouth and saying "paper"; the puff of air will make the paper wave. There is no such aspiration in French. Listen to the recording of the following English words produced with a French accent: *paper, papa, important, car, table, took.*

Now repeat after the speaker.

papa	Tu t'appelles comment?	Pourquoi tu poses cette question?
pourquoi	quand	Papa m'a parlé de toi.
qualité	tard	Tu ne peux pas parler?
tante	question	

Les jeunes et la globalisation

COMPRÉHENSION AUDITIVE

Les jeunes et la consommation

CD5-2 **Exercice 1. Argent et dépenses.** Listen to what the following young people say about their spending habits and select the most appropriate description.

Nouveau vocabulaire:

des bouquins	livres *(fam)*
les cours particuliers	*private lessons*
un gadget électronique	*electronic (gadget)*
des fringues	vêtements *(fam)*

1. Alex…

   a. est dépensier. Il aime dépenser son argent en gadgets électroniques.

   b. préfère épargner son argent. Il veut tout simplement acheter le nécessaire.

   c. travaille pour payer son loyer et aider sa mère.

2. Faroud…

   a. passe son temps libre dans les magasins.

   b. habite chez sa mère.

   c. doit payer son propre appartement et aider sa mère.

3. Mariam…

   a. préfère regarder des vidéos chez elle pour faire des économies.

   b. sort beaucoup et dépense l'argent qu'elle gagne.

   c. ne s'intéresse pas aux gadgets électroniques.

4. Anouk…

   a. travaille et habite seule.

   b. habite chez ses parents et travaille en donnant des cours particuliers.

   c. ne reçoit pas d'argent de sa famille.

Comment «parler jeune»

CD5-3 **Exercice 2. Que faire?** Alex and Michel, Anouk and Mariam's friends, are figuring out what to do this evening. Listen to their conversation and fill in the blanks.

MICHEL: Dis Alex, tu connais un bon _____¹ pas cher? _____²

faire la cuisine ce soir.

ALEX: On pourrait manger un bon couscous près d'ici. Allons au Marrakesh. Ils ont de la bonne

_____³.

MICHEL: Bon d'accord. Et on pourrait retrouver les _____⁴ au club après.

ALEX: Tu sais, moi j'ai pas assez de _____⁵ pour aller au club ce soir. Je suis fauché.

MICHEL: Tout le monde peut rentrer à _____⁶ et regarder un DVD.

ALEX: Okay. Mais avant de partir, je dois mettre d'autres _____⁷. Ce pull est sale. T'as

quelque chose à me prêter?

MICHEL: Oui, prends ce pull-ci. On va prendre la _____⁸?

ALEX: Non, allons-y à pied. C'est tout près. Mais avant de partir, je dois boire quelque chose. Qu'est-ce qu'il y a

dans le _____⁹?

CD5-4 **Exercice 3. Au club.** Alex and Michel end up with their friends at a club after all. Listen to their conversation and identify the topics.

Nouveau vocabulaire:
draguer   *to flirt with*
flipper   *pinball machine*

1. _____   **a.** une fille qui semble très jeune

2. _____   **b.** une belle voix

3. _____   **c.** une voix horrible

4. _____   **d.** les copains

5. _____   **e.** des jeunes filles

6. _____   **f.** un homme qui flirte

                    g. une chanson romantique

                    h. une chanson amusante

La mode–tendances

CD5-5 **Exercice 4. Un week-end à la campagne.** Anouk has been invited to spend the weekend at her boyfriend's country house. She's frantically getting ready. Select the appropriate answer to complete the conversation. Then listen to the complete dialogue to verify your answers.

1. _____

   a. Oui, je te le prête.

   b. Oui, je te la prête.

   c. Oui, je t'en prête.

2. _____

   a. Tu en as laissé dans le jardin.

   b. Tu leur as laissé dans le jardin.

   c. Tu les as laissées dans le jardin.

3. _____

   a. Tu peux rester là. Je vais les chercher.

   b. Tu peux rester là. Je les vais chercher

   c. Tu peux rester là. J'en vais chercher.

4. _____

   a. Oui, elles sont sur la table de nuit. Le voilà!

   b. Oui, elles sont sur la table de nuit. Vas-y!

   c. Oui, elles sont sur la table de nuit. Les voilà!

5. _____

   a. Bonne idée! Je la te rendrai lundi!

   b. Bonne idée! J'y la rendrai lundi!

   c. Bonne idée! Je te la rendrai lundi!

6. _____

   a. Tu viens de recevoir une bonne bouteille de vin. Tu peux la leur offrir.

   b. Tu viens de recevoir une bonne bouteille de vin. Tu la peux les offrir.

   c. Tu viens de recevoir une bonne bouteille de vin. Tu peux leur la offrir.

CD5-6 **Exercice 5. Choisir des vêtements à offrir.** Alex wants to buy his girl-friend something to wear for her birthday. Identify the article of clothing he's discussing and write the appropriate letter in the blank.

a.   b.   c.

1. _____

2. _____

3. _____

d.   e.   f.   g.

4. _____

5. _____

6. _____

Comment faire les achats

CD5-7 **Exercice 6. Marchander aux puces.** Nathalie and her husband Guy are at the **Marché aux puces,** the Paris flea market. Stop the recording and read the questions that follow. Now listen to their conversation and answer the questions. It is not necessary to write out complete sentences.

Nouveau vocabulaire:

marchander	*to bargain*
le marché aux puces, les puces	*flea market*
rater	*to fail (fam), "to blow it"*
vilain(e)	*ugly*

1. Qu'est-ce que Nathalie veut acheter?

   _____

2. Qu'est-ce qu'elle veut faire pour avoir un bon prix?

   _____

3. Combien coûtent les chaises au début?

   _____

4. Est-ce que la marchande offre un meilleur prix?

   _____

5. Est-ce que Nathalie décide de les prendre à ce prix?

   _____

6. Qu'est-ce qu'elle demande à Guy de faire?

   _____

7. Pourquoi ne retourne-t-elle pas à la boutique elle-même?

   _____

CD5-8 **Exercice 7. Dans une boutique de prêt-à-porter.** Listen to the conversation between Mariam and the saleswoman in a clothing store. Fill in their dialogue.

VENDEUSE: Je peux vous _____[1], mademoiselle? Vous cherchez une jupe? Vous faites quelle

_____[2]?

MARIAM: Je fais du _____[3].

VENDEUSE: Eh bien, nous avons plusieurs modèles. Regardez _____[4]-ci. C'est une jupe

tube en polyester. On a aussi celle-là. C'est le look western.

MARIAM: Euh, j'sais pas. Je _____[5] quelque chose de plus classique.

VENDEUSE: Bon alors. Je _____[6] que nous avons exactement ce que vous cherchez.

Regardez ce modèle-ci.

MARIAM: J'aime bien la jupe, mais la couleur est vilaine!

VENDEUSE: Comment ça, vilaine! L'abricot est très _____[7] cette année. Mais nous l'avons

aussi en kaki et en noir.

MARIAM: Je peux _____[8] la noire?

VENDEUSE: Oui, mademoiselle. La cabine d'essayage est par ici.

(Mariam sort de la cabine portant la jupe.)

VENDEUSE: Vous voyez, mademoiselle, elle vous _____[9] comme un gant!

MARIAM: Ça fait vraiment très classe. Elle _____[10] combien?

VENDEUSE: Cent vingt-sept euros, mademoiselle.

MARIAM: Cent vingt-sept euros? Mais c'est trop cher!

VENDEUSE: Mais _____[11] un peu, mademoiselle. Elle est d'excellente qualité.

MARIAM: Oui, peut-être, mais de toute façon j'ai pas 127 euros à dépenser. Merci, madame.

VENDEUSE: Oh là là là! Les jeunes!

Le système éducatif français

CD5-9 **Exercice 8. On parle de quelle institution éducative?** Listen to the following descriptions of French schools. Identify the institution associated with each segment and complete the two additional comments. Educational insitutions: **l'école maternelle, le lycée, l'université, une grande école**

1. _____

Ce qu'elle aime, c'est _____.

Ce qu'elle n'aime pas, c'est que _____.

2. _____

Ce qu'il n'aime pas, c'est _____.

Ce qu'il aime, c'est _____.

3. _____

Ce qu'elle prépare, c'est _____.

Ce qu'elle étudie, c'est _____.

4. _____

Ce qu'il vient de faire, c'est _____ .

Ce qu'il va faire cet été, c'est _____ .

PRONONCIATION ET ORTHOGRAPHE

Pronouncing French numbers and recognizing them in speech

CD5-10 **A. La prononciation des nombres.** Although you first learned to count from 1 to 60 in **Module 1,** accurate pronunciation and recognition of numbers takes time.

Listen carefully to the pronunciation of the numbers from 1 to 20 and underline those numbers that have a final pronounced consonant.

un, deux, trois, quatre, cinq, six, sept, huit, neuf, dix, onze, douze, treize, quatorze, quinze, seize, dix-sept, dix-huit, dix-neuf, vingt

Now listen and repeat.

un, deux, trois, quatre, cinq, six, sept, huit, neuf, dix, onze, douze, treize, quatorze, quinze, seize, dix-sept, dix-huit, dix-neuf, vingt

CD5-11 **B. Un, deux, trois, huit, et vingt.**

Un. This number can be pronounced either as /œ̃/, rhyming with **brun,** or as /ɛ̃/, rhyming with **pain.** Both pronunciations are perfectly acceptable. Although the first pronunciation is more traditional, the tendency is towards the second pronunciation, /ɛ̃/. This is especially true for Parisians and French people born after World War II.

Deux. The vowel sound in **deux** has no equivalent in English. It's the same sound you hear in the words **peu, ceux,** and **mieux,** and is produced with more lip rounding than the neutral vowel or **e instable** *(schwa)* found in the preposition **de.** To pronounce it, first produce the word **des,** then while maintaining the same position of your tongue and jaw, round your lips and you will arrive at **deux.** Some English speakers mistakenly hear an **r** at the end of this word.

Trois. Work on pronouncing **trois** with a uvular **r,** and open your mouth wide on the final vowel.

Huit. This number does NOT rhyme with the English word *wheat.* The first vowel sound is similar to the vowel in **tu** and glides to an /i/ sound. This semivowel is also found in the words **puis, fruit, ensuite,** and **suis.**

Vingt. Be careful not to pronounce the **t** in **vingt** unless it appears before a vowel: **vingt, vingt pages, vingt arbres.**

CD5-12 **C. Combien?** It is often difficult to understand numbers contained in fluent speech. Listen to the following sentences and circle the number that is pronounced.

1. a. 389	**b.** 298	**c.** 379
2. a. 195	**b.** 1 195	**c.** 575
3. a. 351	**b.** 153	**c.** 135
4. a. 1 780	**b.** 1 690	**c.** 189
5. a. 89	**b.** 79	**c.** 99
6. a. 3 670	**b.** 2 768	**c.** 3 690
7. a. 2 290	**b.** 295	**c.** 2 215
8. a. 139	**b.** 194	**c.** 147

La santé et le bonheur

COMPRÉHENSION AUDITIVE

Les parties du corps

CD5-13 **Exercice 1. Côté physique.** Thérèse is thumbing through a magazine and talking about the physical characteristics of people who appear in the photos. For each description you hear, check off the parts of the body she mentions. You will hear each recording twice.

Jean-Yves:

_____ cils	_____ yeux	_____ épaules	_____ dents
_____ bouche	_____ front	_____ oreilles	_____ nez

le mannequin:

_____ nez	_____ cheveux	_____ épaules	_____ poitrine
_____ cou	_____ yeux	_____ estomac	_____ bras

Les maladies et les remèdes

CD5-14 **Exercice 2. Symptômes et diagnostics.** Listen to the following people describe their ailments and make the appropriate diagnosis.

1. Patrick Bunuel _____   **a.** une grippe

2. Marthe Lecastre _____   **b.** un rhume

3. Annick Garec _____   **c.** le mal de mer

        d. une dépression

CD5-15 **Exercice 3. J'ai cessé de fumer!** The magazine *Santé* is interviewing Louis Rillet, who kicked the smoking habit. Listen to the interview and mark the following statements true or false.

1. Avant de s'arrêter, M. Rillet fumait régulièrement trois paquets de cigarettes par jour.   **vrai**   **faux**

2. Il fumait moins quand il était stressé.   **vrai**   **faux**

3. Il est parti en vacances à Madagascar sans emporter de cigarettes.   **vrai**   **faux**

4. C'était facile de ne pas fumer pendant ce voyage.   **vrai**   **faux**

5. Sans acheter de cigarettes, il a plus d'argent pour faire des voyages.   **vrai**   **faux**

6. L'année dernière, il est allé au Japon.   **vrai**   **faux**

Comment parler au médecin

CD5-16 **Exercice 4. Mon fils est malade!** Madame Simon is worried that her son might be ill, so she takes him to the doctor. Listen to the following conversation at the doctor's office and select the appropriate response.

Nouveau vocabulaire:

il manque d'énergie *he doesn't have any energy*
un échec scolaire *a failure in school*
je parie *I bet*

1. Madame Simon a emmené son fils chez le médecin parce qu'il…

   a. est enrhumé.

   b. fait une dépression.

   c. manque d'énergie et d'appétit.

2. Elle s'inquiète surtout parce qu'elle a peur…

   a. d'un échec scolaire.

   b. qu'il soit mal ajusté.

   c. qu'il n'ait pas d'amis.

3. Le seul symptôme que trouve le médecin, c'est…

   a. une légère fièvre.

   b. une gorge rouge.

   c. les yeux rouges.

4. Le docteur croit que Mathieu souffre de fatigue parce qu'il…

   a. s'amuse avec des jeux vidéo au lieu de dormir.

   b. fait une dépression.

   c. mange chez des amis.

Pour se sentir bien dans sa peau

CD5-17 **Exercice 5. Le bonheur.** Happiness means different things to different people. Listen to the following people give their interpretations of happiness and choose the phrase that most closely corresponds to their view.

1. Nicole Avril

   a. Le plus grand bonheur, c'est aider les autres.

   b. On apprécie mieux le bonheur après des difficultés.

   c. L'argent est important pour être heureux.

2. Lionel Chaudron

   a. Le bonheur se trouve dans les petits plaisirs de la vie.

   b. Le bonheur, c'est réussir sa carrière.

   c. Le bonheur, ce sont les moments passés en famille.

3. Michel Tournier

    a. Le bonheur, c'est la bonne santé.

    b. Le bonheur, c'est s'offrir de petits cadeaux.

    c. Le bonheur est surtout une attitude vis-à-vis de la vie.

Comment conseiller

CD5-18 **Exercice 6. Être en forme avant de prendre la route.** Listen to this recording of driving safety tips and mark the following sentences true or false.

Nouveau vocabulaire:
une pause-sommeil   *nap*
au volant   *at the wheel*

1. Le risque d'avoir un accident la nuit est plus élevé *(greater)* parce qu'on a sommeil.   **vrai**   **faux**

2. On recommande de s'arrêter toutes les quatres heures.   **vrai**   **faux**

3. Une pause-sommeil de dix à vingt minutes est une bonne idée.   **vrai**   **faux**

4. Les repas en route augmente la fatigue. Ils ne sont pas recommandés.   **vrai**   **faux**

5. Certains médicaments font dormir.   **vrai**   **faux**

CD5-19 **Exercice 7. Voix directe. De vous à vous! «Comment les Français affrontent la chaleur».** This week **Voix directe** wanted to know how people were dealing with the heat wave in the south of France. Listen to the recorded interviews and check off all the elements mentioned.

Nouveau vocabulaire:
se cacher du soleil   *to avoid the sun*
un chapeau de paille   straw hat
voyage en climatisé   *travel in an air-conditionned vehicle*

Camille…

_____ boit beaucoup d'eau.   _____ fait de la natation.

_____ ne fait pas d'exercice sous le soleil.   _____ mange beaucoup de glaces.

Jean-Claude Boulez…

_____ aime le soleil.   _____ est obligé de se cacher du soleil.

_____ utilise un parasol.   _____ vient de se faire opérer.

Eddy Limoges…

_____ porte un chapeau de paille.   _____ voyage en vélo.

_____ boit de l'eau.   _____ voyage en climatisé.

PRONONCIATION ET ORTHOGRAPHE

Releasing final consonants, recognizing the subjunctive, deciding whether to pronounce final consonants

CD5-20 **A. Détente des consonnes finales.** As you have learned, French has a large number of silent final consonants. It is not surprising, then, that many French learners produce final consonants in a hesitant fashion, as if to hedge their bets. Unfortunately, this works against an authentically French pronunciation, because in French, pronounced final consonants must be produced clearly, not "swallowed" as they frequently are in English. Take for example the word *debt*. In English it ends with the lips together, "swallowing" the final -*t* sound. In the French word **dette**, however, after producing the -**t** the consonant is released, and the mouth reopens.

Listen to the final consonant sound of the following English and French words:

English	French
Paul	**Paul**
ton	**tonne**
tube	**tube**
tact	**tact**
mat	**matte**
bun	**bonne**
soup	**soupe**

CD5-21 **B. Le subjonctif.** Releasing final pronounced consonants is important for producing and recognizing verbs in the subjunctive. After you hear the indicative form of the following verbs, give the corresponding subjunctive form, making sure to release the final consonant when appropriate.

Modèle: tu prends
que tu prennes

1. il prend
2. elle sort
3. tu dis
4. on part

5. tu comprends
6. elle vient
7. il écrit

CD5-22 **C. Prononcer ou pas?** In most cases, final consonants are silent except for the letters **c, r, f,** and **l.** (Use the mnemonic <u>careful</u> to remember them.) Of course the **r** is never pronounced in the infinitive ending -**er,** or in adjectives and nouns ending in -**er: premier, papier, escalier.**

Now stop the recording and underline the words with a final pronounced consonant. Then listen to the recording and verify your answers.

bon	papier	mal
actif	point	chancelier
talent	abord	état
tel	bac	Cadillac
finir	bar	adjectif

CD5-23 **D. Dictée partielle. Quand doit-on consulter un médecin?** Listen to Dr. Dupuis explain symptoms that indicate you should see a doctor. The passage will be read once with pauses for you to write what you hear and a second time without pauses for you to check your work.

Si vous perdez du poids et vous _____¹, je recommande que vous

_____² une visite chez le médecin. De plus, si vous avez toujours

_____³, vous souffrez de fatigue et vous _____⁴,

c'est un signe qu'il faut voir le docteur. Parfois le problème est physique, disons biologique.

Et parfois, c'est plutôt _____⁵. Le patient _____⁶.

Le _____⁷ peut toujours faire des tests.

La vie sentimentale

L'amour

CD6-2 **Exercice 1. L'amour, la haine et l'indifférence.** You are about to hear several conversations about relationships. Assign each conversation to a category: love, hate, or indifference/uncertainty by circling the appropriate label.

Nouveau vocabulaire:
flirter   *to flirt*
lâche   *cowardly*
supporter   *to put up with, to bear*
craquer   *(fam) to go crazy*

1. l'amour   la haine   l'indifférence / l'incertitude

2. l'amour   la haine   l'indifférence / l'incertitude

3. l'amour   la haine   l'indifférence / l'incertitude

4. l'amour   la haine   l'indifférence / l'incertitude

5. l'amour   la haine   l'indifférence / l'incertitude

6. l'amour   la haine   l'indifférence / l'incertitude

CD6-3 **Exercice 2. Réciproque ou non?** The statements you are about to hear include the pronominal verbs given below. Circle **oui** if this verb refers to a reciprocal action and **non** if it does not. Each sentence will be read twice.

	réciproque?	
1. se voir	oui	non
2. se parler	oui	non
3. se rendre compte	oui	non
4. s'embrasser	oui	non
5. se comprendre	oui	non
6. se demander	oui	non

Valeurs et espoirs

CD6-4 **Exercice 3. Valeurs contemporaines ou traditionnelles?** Listen to the following remarks and decide whether they reflect more traditional or contemporary values. Circle the appropriate response. You will hear each remark twice.

1. traditionnelle   contemporaine
2. traditionnelle   contemporaine
3. traditionnelle   contemporaine
4. traditionnelle   contemporaine
5. traditionnelle   contemporaine
6. traditionnelle   contemporaine
7. traditionnelle   contemporaine
8. traditionnelle   contemporaine

CD6-5 **Exercice 4. Le couple idéal.** The magazine *Jeune Adulte* polled their readers for their image of the ideal couple. Listen to a discussion of the poll results and circle the answer most often given in the survey.

Nouveau vocabulaire:
un appart   *(fam) apartment*
forcément   *necessarily*

Le couple idéal…

1. Sont-ils mariés?

   a. oui

   b. non

   c. pas nécessairement

2. Quel est leur lieu de rencontre préféré?

   a. une expo

   b. un dîner chez des amis

   c. une boîte de nuit

3. Ont-ils un mariage religieux?

   a. oui

   b. non

   c. pas nécessairement

4. Ils habitent…

   a. un loft.

   b. un appartement.

   c. une maison avec jardin.

5. Ils vivent…

   a. à Paris.

   b. dans une ville de province.

   c. à la campagne.

   d. au bord de la mer.

6. Pour les hommes, l'âge idéal pour avoir un premier bébé, c'est…

    a. 21 ans

    b. 25 ans

    c. 30 ans

7. Est-ce qu'ils travaillent?

    a. oui

    b. non

    c. à mi-temps

CD6-6 **Exercice 5. Un jeune couple marié.** Betty shares some of her hopes with her new husband Jérémy. Complete the remarks by circling the verb form that correctly matches what she says.

1. lèverons	pourrons		4. voyaient	serons
levons	pouvions		voyions	seriez
levions	pourrions		voyiez	serions
2. aider	aurais		**5.** passait	coûtera
aidais	aura		passer	coûter
aiderait	aurait		passais	coûterait
3. voulais	pourrais			
voulait	pourra			
vouliez	pourrait			

Comment dire qu'on est d'accord ou qu'on n'est pas d'accord

CD6-7 **Exercice 6. Une journaliste à Concordia University.** Sarah, a student at Concordia University in Montreal, is interviewing her fellow students about their opinions on various issues for an article she is writing in the school newspaper. State whether each response is positive, negative, or unsure by marking the appropriate column.

Nouveau vocabulaire:
les lois bilingues *laws about bilingualism*

	oui	non	incertain
1.	_____	_____	_____
2.	_____	_____	_____
3.	_____	_____	_____
4.	_____	_____	_____

Comment exprimer ses sentiments

CD6-8 **Exercice 7. Interview avec une star.**

A. You are going to listen to an interview that *Star Magazine* had with Fanon, a famous French movie star. Stop the recording to read over the sentences below. Then play the recording, listening to complete the missing words.

1. Fanon dit que la jalousie est une partie de _____.

2. C'est la deuxième fois qu'elle travaille avec _____ dans un film.

3. Elle admet que c'est parfois _____ de travailler avec son mari.

4. Fanon et Renault forment _____ presque mythique.

5. Elle n'aime pas parler de sa vie _____.

6. Fanon explique qu'il lui est difficile de donner des interviews parce qu'elle est _____.

B. Now listen to the following statements made by Fanon's fans who heard the interview. Indicate whether the remarks reflect emotion/doubt or whether they are affirmative statements.

	émotion/doute	affirmation
1.	_____	_____
2.	_____	_____
3.	_____	_____
4.	_____	_____
5.	_____	_____
6.	_____	_____
7.	_____	_____

PRONONCIATION ET ORTHOGRAPHE

Showing emphasis, discriminating between aller and avoir in the subjunctive, pronouncing the letter combination gn

CD6-9 **A. L'accent et l'intonation.** To be emphatic in English, you may simply say a word louder and with greater stress. Any word in a sentence may be highlighted in this way, depending on one's meaning. French is less flexible. Since only the final syllable of a rhythmic group may be stressed, you need to use another strategy. One way to express emphasis is to use stress pronouns. Compare the following.

I want to play tennis, but **he** wants to play golf.
Moi, je veux jouer au tennis, mais **lui,** il veut jouer au golf.

You may place the stress pronouns at the end or beginning of the sentence to communicate stress.

He doesn't play basketball at all.
Il ne joue pas du tout au basketball, **lui.**

They like jazz. **We** like rock music.
Eux, ils aiment le jazz. **Nous,** nous aimons le rock.

Emphasize the subject of the following sentences by adding an appropriate stress pronoun. Check your response with that of the speaker.

Modèle: Vous entendez: Il est beau.
Vous dites: *Il est beau, lui.*
Vous entendez: Il est beau, lui. (Lui, il est beau.)

1. Elle est belle.
2. Il est avocat.
3. Elle fait des sciences politiques.
4. Tu vas au concert. Je vais au cinéma.
5. Vous préférez la musique classique. Nous préférons le rap.
6. Nous ne sommes pas bêtes.
7. Ils vont à Chicago.
8. Elle aime les films d'amour. J'aime les films d'aventure.

CD6-10 **B. *Ait* vs. *aille*.** Pronunciation of subjunctive verbs is fairly straightforward. However, many students confuse the subjunctive forms of **avoir (j'aie, tu aies, il ait, ils aient)** and **aller (j'aille, tu ailles, il aille, elles aillent)**.

• For the forms of **avoir,** think of the letter *a* in English.
• For the forms of **aller,** think of the sound francophones make when they are hurt. (It rhymes with *pie*.)

Listen to the pronunciation of **avoir** and **aller** in these sentences.

J'ai peur qu'il **ait** de la fièvre.
Il faut qu'il **aille** à l'école tout de suite.

In the following sentences mark whether you hear the verb **avoir** or **aller**.

	avoir	aller
1.	_____	_____
2.	_____	_____
3.	_____	_____
4.	_____	_____
5.	_____	_____

CD6-11 **C. Dictée partielle.** Audrey is feeling a bit down and calls her best friend. Complete Audrey's side of the conversation by filling in the blanks with the words you hear.

Oui, il pleut encore—on n'a pas vu le soleil depuis quatre jours. Je _____[1]

tellement ici à la maison. _____[2], tout irait mieux, j'en suis sûre… Samuel?

Oui, je _____[3] s'il s'est fâché contre moi. Avant on

_____[4] mais récemment il passe tout son temps au travail.

_____[5] il me trompe avec une autre fille. S'il ne travaillait pas tant,

_____[6] passer plus de temps ensemble. Parlons d'autre chose… Oui,

_____[7] le voir. J'adore Daniel Auteuil. _____[8] qui ont

vu ce dernier film disent qu'il est meilleur que _____[9] de l'année passée…

Non, je doute qu'_____[10] libre demain soir… Toi et moi? Pourquoi pas? Oui,

ça me _____[11] du bien.

CD6-12 **D. La combinaison *gn*.** The sound of **gn** is somewhat like the sound of *ny* in *canyon*. Pronounce the following words after the speaker.

campagne	montagne	agneau	oignon	gagner
champignon	ligne	champagne	magnifique	espagnol

Fictions

Comment raconter une histoire

CD6-13 **Exercice 1. Le lièvre et la tortue.** Do you recall the fable of the tortoise and the hare? First listen to the imaginary conversation between these two characters as they discuss their famous race. Then replay the segment and focus on the verb tenses used. Indicate if the verb you hear is in the **passé composé** or the **imparfait**.

	passé composé	imparfait
1. (gagner)	_____	_____
2. (marcher)	_____	_____
3. (s'endormir)	_____	_____
4. (oublier)	_____	_____
5. (avoir)	_____	_____
6. (être)	_____	_____
7. (dormir)	_____	_____
8. (donner)	_____	_____

CD6-14 **Exercice 2. Dictée partielle.** Before playing the recording, read the following summary of «Ô voleur!» and fill in the blanks with the correct tense of the verbs in parentheses (**passé composé** or **imparfait**). Then listen to verify your answers.

Nouveau vocabulaire:
un maçon — *a bricklayer, mason*
un apprenti — *an apprentice*
faire faillite — *to go bankrupt*

Quand Amandio Silva _____¹ (être) un petit garçon, il _____²

(habiter) à Ericeira, un petit village de pêcheurs au Portugal . Son père _____³ (devoir)

quitter le pays pour des raisons politiques et alors la famille _____⁴ (s'installer) dans le sud

de la France. Son père y _____⁵ (trouver) du travail comme maçon. Après quelques

années, Amandio _____⁶ (abandonner) ses études pour travailler comme apprenti avec

son père. Au début, tout _____⁷ (aller) bien, et puis soudain son père

_____⁸ (mourir). Alors, Amandio _____⁹ (devenir) chef de

famille. Il _____¹⁰ (se marier) et lui et sa femme _____¹¹ (avoir)

des enfants. Après quelques années, Amandio _____¹² (se décider) à se spécialiser dans l'électricité. Il _____¹³ (être) content de ce travail. La famille

_____¹⁴ (mener) une vie modeste mais confortable et pleine d'amour.

Tout _____¹⁵ (changer) le jour où l'entreprise où il travaillait

_____¹⁶ (faire) faillite. C'était une période de crise économique en France et Amandio

_____¹⁷ (ne pas pouvoir) trouver d'autre travail. Sa femme

_____¹⁸ (rester) chez elle à la maison à cause de sa santé fragile. Amandio

_____¹⁹ (avoir) peur de voir sa famille mourir de faim. C'est à ce moment-là qu'il

_____²⁰ (commencer) à voler.

Le septième art: L'art de raconter à travers le film

CD6-15 **Exercice 3. On discute du film *L'Auberge espagnole*.** Caroline and Lise discuss the film *L'Auberge espagnole*. Based on their conversation, complete the sentences. Read over the choices before listening to the recording.

Nouveau vocabulaire:

les galères   *hassles*
névrosé   *neurotic*
profond   *deep, profound*
rigolo   *funny*

1. _____ a vu le film *L'Auberge espagnole* avec Caroline.

   a. Richard

   b. Lise

   c. Audrey

2. C'est un film _____.

   a. sérieux

   b. ennuyeux

   c. pas très sérieux

3. _____ joue le rôle principal.

   a. Audrey Tautou

   b. Romain Duris

   c. Cédric Klapisch

4. Audrey Tautou joue un rôle _____ au/du rôle qu'elle a joué dans Amélie Poulain.

   a. très similaire

   b. assez similaire

   c. très différent

5. Dans ce film, il s'agit d'_____.

   a. un jeune homme qui tombe amoureux d'Audrey Tautou en Espagne

   b. un groupe de jeunes étudiants de pays différents qui sont colocataires dans un appartment à Barcelone

   c. une entreprise multinationale qui engage Xavier pour travailler en Espagne

6. Dans ce film, on _____ les stéréotypes nationaux.

    a. joue un peu sur

    b. ignore

    c. critique

7. _____ est le metteur en scène.

    a. Claude Lelouche

    b. Cédric Klapisch

    c. Mathieu Kassovitz

CD6-16 **Exercice 4. Le présent de narration–résumé de *L'Auberge espagnole*.** Before listening to this recording, read the **résumé** of the film and fill in the blanks with the correct form of the verbs in parentheses. Choose between the indicative and the subjunctive. One verb is in the future tense. All others are in the présent de narration.

Le jeune Xavier _____¹ (vouloir) trouver un poste dans une entreprise multinationale. Il

faut d'abord qu'il _____² (apprendre) à parler espagnol. En fait, il est nécessaire qu'il

_____³ (devenir) bilingue. Alors, il _____⁴ (partir) pour l'Espagne

et _____⁵ (se retrouver) à Barcelone. Le jeune homme _____⁶

(s'inscrire) à l'université assez facilement, puis il _____⁷ (essayer) de trouver un logement.

Mais apparemment, ce n'est pas facile de trouver un appart dans cette ville. Finalement, en cours, il

_____⁸ (rencontrer) une jeune fille qui _____⁹ (habiter) avec un

groupe de jeunes. Tous _____¹⁰ (venir) de pays différents. Il est nécessaire que le groupe

_____¹¹ (prendre) ensemble la décision d'accepter Xavier comme co-locataire. Et ce n'est

pas un groupe facile à convaincre. Finalement, Xavier _____¹² (s'installer) dans l'appart.

Une fois avec le groupe, on _____¹³ (voir) tous les petits échanges entre les colocataires.

C'est un peu comme une version internationale de *Friends*. Les jeunes Américains _____¹⁴

(aimer) sûrement ce film. Je _____¹⁵ (croire) qu'il sera bien reçu ici aux États-Unis.

CD6-17 **Exercice 5. Si vous étiez metteur en scène.** Thierry and Dylan are film school students who enjoy talking about what they would do if they were directors. Listen to their conversation and select the appropriate endings.

1. Si Thierry était un metteur en scène très connu comme Spielberg,…

    a. il donnerait beaucoup d'argent à des institutions charitables.

    b. il s'achèterait une belle maison à Beverly Hills.

    c. il ferait un petit film intime sans effets spéciaux.

2. Si Dylan était un metteur en scène français,…

    a. il viendrait travailler à Hollywood.

    b. il tournerait un film en anglais.

    c. il ferait un grand film avec beaucoup d'effets spéciaux.

3. Si Thierry avait l'argent pour le faire,…

    a. il ferait un documentaire sur les gitanes *(gypsies)* en France et en Italie.

    b. il ferait un documentaire sur le festival de musique techno en Allemagne.

    c. il s'achèterait une grosse Mércèdes.

4. Dylan choisirait _____ comme actrice dans son premier film.

    a. Élodie Bouchez

    b. Juliette Binoche

    c. Agnès Varda

Comment parler de la littérature

CD6-18 **Exercice 6. Harry Potter.**

A. The new Harry Potter, *Harry Potter et l'Ordre du Phénix,* just arrived at the bookstore, and you want to ask a young reader some questions about her perspective on this phenomenon. Stop the recording and select the interrogative word to complete each of the questions. Then, restart the recording, read your questions out loud, and listen to the responses. At the end, you will hear the whole conversation again so you can check your answers.

Nouveau vocabulaire:

l'école de sorcellerie   *witchcraft school*
une fois   *one time*
un tome   *volume*

Mots interrogatifs				
combien	comment	lequel	quand	que
quel	qui	(de) quoi	où	pourquoi

1. Le cinquième tome vient de sortir. De tous les livres que vous avez lus jusqu'à maintenant, _____ préférez-vous?

2. _____ de fois l'avez-vous lu?

3. Et dans ce nouveau livre, _____ s'agit-il?

4. _____ âge a Harry maintenant?

5. Et votre personnage préféré, c'est _____?

6. _____ s'appelle l'auteur de Harry Potter?

7. À votre avis, _____ est-ce que la saga Harry Potter est si populaire?

B. A friend who doesn't know much about Harry Potter asks you the following questions about the books. Answer **oui** or **non,** based on the answers you got in your interview with a young reader.

    oui   non

1. _____   _____

2. _____   _____

3. _____   _____

4. _____   _____

5. _____   _____

Cinq personnages de la littérature française

CD6-19 **Exercice 7. Personnages littéraires.** Listen and identify the literary character being described.

1. _____   **a.** Tristan

2. _____   **b.** Maigret

3. _____   **c.** Astérix

4. _____   **d.** Mme Bovary

5. _____   **e.** le petit Nicolas

6. _____   **f.** Iseut

7. _____   **g.** le voleur

8. _____   **h.** Tartuffe

CD6-20 **Exercice 8. Connaissance littéraire.** Listen to the statement made about each title listed and select the option that correctly reflects what happens in the story. Then you will hear the statement again while you circle the appropriate pronoun to complete the sentence (both options use the same pronoun). At the end, you will hear the statements read with the correct answers.

1. *Cendrillon,* Perrault

   la   lui   y

   a. _____ offre une belle robe pour aller au bal du Prince.

   b. _____ dit qu'elle pourra aller au bal quand elle aura terminé son travail.

2. *Roméo et Juliette,* Shakespeare

   en   lui   y

   a. _____ boit et s'endort mais Roméo la croit morte.

   b. est si triste qu'elle se tue avant d(e) _____ boire.

3. *L'Étranger,* Albert Camus

   le   lui   en

   a. _____ guillotiner.

   b. _____ mettre en prison pendant 10 ans.

4. *Notre-Dame de Paris,* Victor Hugo

   le   lui   y

   a. _____ sonne les cloches tous les matins.

   b. _____ connaît la jeune femme Esmeralda.

5. *Le Petit Prince,* Antoine de Saint-Exupéry

   l(e)   lui   y

   a. _____ emmener en France avec lui.

   b. _____ écouter attentivement.

PRONONCIATION ET ORTHOGRAPHE

Des mots-pièges et les groupes prosodiques

CD6-21 **A. Des mots-pièges.** The following French words typically cause difficulties. Repeat after the speaker.

femme	une ville	que j'aille	monsieur
faim	tranquille	que j'ai	le corps
temps	une fille	vieille	j'ai eu
fils	un pays	un œuf	aux États-Unis

CD6-22 **B. Les groupes prosodiques.** When you read in French you need to break up the sentences into sense groups, called **groupes prosodiques**. The last syllable at the end of each group receives the stress accent accompanied by rising intonation. At the end of each sentence, the intonation falls. Look over the following passage from «Je suis malade» in the *Petit Nicolas* series. Draw slashes between prosodic groups. Mark your pauses with an arrow pointing upward. Mark periods with a downward arrow. Then listen to the recording and see whether your breaks are similar to the ones you hear. These breaks depend partly on the speed at which the passage is read; i.e., the faster the pace, the fewer the breaks. However, your version should be close to what you hear.

Maman, quand elle a regardé mon lit, elle s'est mise à crier. Il faut dire qu'en nous battant, Alceste et moi, on a écrasé quelques chocolats sur les draps, il y en avait aussi sur mon pyjama et dans mes cheveux. Maman m'a dit que j'étais insupportable et elle a changé les draps, elle m'a emmené à la salle de bains, où elle m'a frotté avec une éponge et de l'eau de Cologne et elle m'a mis un pyjama propre, le bleu à rayures. Après, maman m'a couché et elle m'a dit de ne plus la déranger.